本书得到
宁夏回族自治区青年拔尖人才培养项目
资助

管窥水洞沟

旧石器考古的那些事

宁夏回族自治区文物考古研究所 编

李昱龙 著

科学出版社
北京

内 容 简 介

水洞沟遗址从发现到如今已经历整整 100 年，中国的旧石器时代考古也走过了 100 年的征程，但对于旧石器考古研究的认识和理解，目前仍较多地局限在专业学者内部。如何使更多的人了解旧石器考古和早期人类历史，可能是目前我们旧石器考古学者需要做的一项工作。本书以水洞沟遗址的研究为核心，结合世界各地其他地区的研究案例，着重介绍旧石器考古的一些研究内容和方法，希望能够使读者了解旧石器考古，了解探索早期人类历史的方法和过程。

本书适合历史、文物、考古研究者、爱好者、管理者及大专院校相关专业师生参考阅读。

图书在版编目（CIP）数据

管窥水洞沟：旧石器考古的那些事 / 宁夏回族自治区文物考古研究所编；李昱龙著. —北京：科学出版社，2023.7

ISBN 978-7-03-075943-6

Ⅰ.①管… Ⅱ.①宁…②李… Ⅲ.①旧石器时代文化—文化遗址—考古—灵武 Ⅳ.① K878.05

中国国家版本馆 CIP 数据核字（2023）第 121013 号

责任编辑：赵　越 / 责任校对：邹慧卿
责任印制：肖　兴 / 封面设计：金舵手世纪

科学出版社 出版
北京东黄城根北街 16 号
邮政编码：100717
http://www.sciencep.com

北京汇瑞嘉合文化发展有限公司 印刷
科学出版社发行　各地新华书店经销

*

2023 年 7 月第 一 版　开本：720×1000 1/16
2023 年 7 月第一次印刷　印张：10 3/4
字数：100 000

定价：138.00 元
（如有印装质量问题，我社负责调换）

前言

  旧石器时代是人类历史的最早阶段，占整个人类历史全部时间的99%以上，如果将人类的产生到现今比作一天的24个小时，那么从距今1万年左右的农业起源到如今的信息化时代仅仅是这24小时的最后5分钟，其余的时间就是漫长的狩猎采集时代，也就是旧石器时代。在这漫长的时间里，人类从体质上经历了直立人到智人的演化，这一期间出现了许多不同的人群分支，他们之中有些一直留存到今天，有些则消失在漫长的历史长河中，最终形成了今天分布于全球的现代人。人类的文化与行为同样在这几百万年的历史中不断进步，在地球环境不断变化的背景中，迁徙、交流、调整生存策略，逐渐形成了不同时间和不同地区丰富多彩的旧石器文化。本书以旧石器考古研究中的重要问题为核心，以水洞沟遗址为引线，结合不同遗址的研究案例，向大家介绍旧石器考古到底要解决什么样的问题，如何解决这些问题，试图让读者了解旧石器考古的一些基本信息。

水洞沟遗址由法国古生物学家德日进与桑志华于1923年首次发现并发掘，是中国最早发掘的旧石器时代遗址，被誉为"中国史前考古的发祥地"。一个世纪以来，水洞沟遗址共进行了6次大规模的发掘，共计发现了12个旧石器遗址点，构成了分布于边沟河两岸的水洞沟遗址群。水洞沟遗址群跨越距今4万～1万年的漫长时间，遗址中发现了大量旧石器时代人类生产的石器、骨器、装饰品，人类狩猎获得的动物骨骼化石以及用以加工食物的火塘等，数以万计。水洞沟遗址群因其特殊的石器技术，不同时期的人群变化，复杂的环境演化背景，成为中国北方乃至东亚地区最为重要的旧石器时代遗址之一，对解决东亚地区现代人起源、东西方人群交流以及农业起源等一系列国际重大课题有着重要的作用。在本书介绍过程中，水洞沟遗址是贯穿始终的，一方面水洞沟的研究案例足够深入、丰富，通过水洞沟的研究能够十分清楚地了解旧石器考古的基本信息；另一方面，以水洞沟遗址为引线串联起旧石器考古的一系列研究内容和方法，会使我们进一步了解水洞沟在整个全球范围内旧石器考古研究中的重要地位，让我们更好地认识水洞沟。

本书首先从水洞沟遗址的发现和研究简史入手，着重介绍100年前水洞沟遗址的最初发现和一个世纪以来考古学家们对水洞沟遗址孜孜不倦地探索和研究过程。

　　本书第二、三章主要介绍旧石器考古研究的核心——石器的技术和功能。石器是旧石器时代人类最为主要的生产和生活工具，这些工具的类型、制作技术以及使用功能是考古学家们最为关注的问题。它们的发展演变是不同人群和行为的重要指示，是分析人群迁徙、交流的重要标志。水洞沟遗址不同地点特殊的石器技术，既展现了4万年前古人类远距离迁徙的宏伟图景，又显示出中国本地人群连续进化的特殊规律，还反映了旧新石器时代之交，农业起源之初古人类生存方式的重大变化。在欧亚大陆东西方人群交流、东亚地区现代人起源等研究中具有不可替代的作用。

　　本书第四、五章主要介绍水洞沟遗址的两项重要研究课题：古人类用火研究和装饰品研究。通过水洞沟遗址的研究案例，我们可以窥探到旧石器时代古人类在与自然搏斗中，行为和认知水平不断进化的路程。

　　本书最后两章主要介绍旧石器时代地球环境的演变和研究方法，以及旧石器时代人类是如何适应环境变化的。从水洞沟遗址以及世界各地其他旧石器时代遗址，我们可以看到古人类在环境变化的过程中，不断调整狩猎采集策略，不断繁衍生息，最终迈向农业时代。

　　水洞沟遗址从发现到如今已经历整整100年，中国的旧石器时代考古也走过了100年的征程，但对于旧石器考古研究的认识和理解，目前仍较多地局限在专业学者内部。如何使更多的人了解旧石器考古和早期人类历史，可能是目前我们旧石器考古学者需要做的一项工作。本书试图以《管窥水洞沟》为题，以水洞沟遗址的研究为核心，结合世界各地其他地区的研究案例，着重介绍旧石器考古的一些研究内容和方法，希望能够使读者了解旧石器考古，了解探索早期人类历史的方法和过程。

编　者

目 录

第一章 一百年的征程 ·········· 001
　一　石破天惊——发现与初探 ·········· 002
　二　新世纪、新理念、新团队 ·········· 015

第二章 石器技术与人群 ·········· 035
　一　穿越西伯利亚的狩猎者 ·········· 037
　二　源自本土的人群——第2地点 ·········· 055
　三　进击的狩猎采集者——第12地点 ·········· 059

第三章 石器的功能 ·········· 065
　一　微痕分析 ·········· 067
　二　残留物分析 ·········· 071

第四章 古人类的用火 ·········· 075
　一　围坐火塘 ·········· 076
　二　石料的热处理 ·········· 084
　三　"石烹法" ·········· 088

第五章	旧石器时代的装饰品	093
第六章	旧石器时代的环境	101
一	冰河时代	102
二	地层堆积信息	107
三	植物孢粉信息	112
四	土壤磁化率的信息	116
五	深海有孔虫记录古气候	118
六	水洞沟遗址的古环境	120
第七章	狩猎采集者的生活	125
一	动物骨骼的证据	127
二	食用植物的证据	133
三	流动的人群	140

结　语	149
参考书目	153

第一章

一百年的征程

一

石破天惊——发现与初探

　　人类从未停止过探索未知的脚步，从过去到未来，从脚下的大地到头顶的星空，人类沉浸在探寻各种谜题的路上，前赴后继。旧石器时代是人类诞生之初的时期，从距今300万年左右一直持续到距今1万年左右。在这漫长的人类演化的旅程中，人类的体质、行为、思维、审美、信仰等随着时间不断进化，最终形成了我们现在的人类。在遥远的旧石器时代，世界各地都发现有当时古人类生存的遗址，旧石器考古学者们在田野中不停地探索、挖掘，寻觅古人类生存的蛛丝马迹，小心翼翼地翻看着大地之书，试图复原埋藏在时间里的记忆。水洞沟遗址就是万千旧石器遗址中的一个，也是世界范围内卓具影响力和代表性的中国旧石器遗址。然而，探索水洞沟的这条路到今天已经走了整整100年。

1. 始于1923年的夏天

1923年，距离法国地质古生物学家桑志华1920年在甘肃庆阳幸家沟村附近的黄土地层中发现中国第一件旧石器，已经过去了整整3年。桑志华的主业是地质学和古生物学（图一），他最初到甘肃庆阳的考察是奔着人们口中的"龙骨"（龙骨是中药中重要的一味药材，多埋自几万年前的古地层中，实际为古生物化石）和巨厚的黄土地层而来的，但是就在这些黄土地层和古生物化石中间，发现了几件古人类制作的石器，也正是这次发现使得桑志华对神秘的东方旧石器时代开始关注。那个时候达尔文的《物种起源》已经出版了60年，但是世界对东方大地人类演化历史的认知可以说是趋近于零。中国还没有旧石器时代古人类化石和遗址的发现，闻名世界的周口店北京猿人头盖骨还在龙骨山静静地等候那个人的到来，世界渴望中国旧石

图一　法国古生物学家桑志华

器时代遗址的发现。

从1920年到1923年这3年时间，桑志华一直活跃在甘肃东部到鄂尔多斯地区之间，找寻旧石器和古生物化石的线索。终于在1923年的夏天，桑志华邀请另一位法国古生物学家、博物学家德日进（图二），在法国自然博物馆和法国科学院的资助下，去往鄂尔多斯进行调查。在行至黄河岸边一处名为水洞沟的村庄时，德日进和桑志华留宿在一个小驿店中，店主的名字叫张三，也很实在地给他的小店挂了个牌子"张三小店"。张三小店坐落在黄河的一条小支流边沟河的旁边，边沟河北岸有着绵延的黄土断崖，自然的地貌演化、河湖变迁使得边沟河北岸断崖的断面全部露了出来。本着古生物学和地质学者的本能，桑志华和德日进毫不犹豫地去近距离考察了这段黄土断崖，结果在这黄土断崖地层内部、周边以及边沟河岸到处都散落着古生物化石和古人类打制的石器，数量令人咋舌。于是乎，桑志华和德日进一直寻觅的旧石器时代的遗址终于浮现了出来（图三）。

在发现水洞沟遗

图二　法国古生物学家、考古学家、哲学家德日进

图三　1923年德日进手绘的水洞沟F1（第1地点）的剖面图

址之后，桑志华和德日进立刻暂缓了去往鄂尔多斯的考察计划，着手对水洞沟遗址进行发掘工作。这次发掘进行了12天，雇用了当地10位民工参与，发掘面积80多平方米，总共挖掉的土方量达900多立方米。发掘从上而下按照不同地层有序进行，发现的石器总量达300千克以上，还发现有大量的古生物化石，包括鬣狗、羚羊、牛、犀牛和马等。在水洞沟遗址获得了丰富的旧石器和古生物的发现之后，德日进和桑志华在同年继续进行了鄂尔多斯地区的调查工作，在内蒙古乌审旗附近发现了另一处重要的旧石器时代遗址——萨拉乌苏遗址。他们在萨拉乌苏遗址发现了300多件旧石器、丰富的古生物化石，以及古人类的一枚牙齿。水洞沟遗址发现和发掘是中国旧石器时代考古的开篇，纠正了"中国没有旧石器时代文化"的论断。因此，水洞沟遗址也被誉为"中国史前考古的发祥地"（图四）。

时间到了1925年，德日进和桑志华发表了水洞沟遗址第一篇调查发掘报告。这篇报告引起了国际上重大的关注和反响，当时最著名的旧石器考古学家布勒和布日耶对来自东方的旧石器材料十分关注。在合作研究的基础上，1928年，布勒、步日耶、桑志华、德日进四人合作完成并出版了《中国的旧石器时代》一书，书中详细地介绍了水洞沟遗址的发现、发掘以及地层等情况，重点对发现的旧石器和

图四 1923年从第1地点发掘出土的石器（现存放于法国人类古生物研究所）

古生物化石进行了鉴定和分析,并将水洞沟遗址发现的石器和西方的石器进行了对比研究。经过对比发现,水洞沟遗址的石器类型竟然和欧洲、西亚大量的发现一致。为什么遥远的中国内陆会出现旧大陆西侧广泛分布的旧石器类型?水洞沟遗址也从此开始了它100年的探索之路(图五)。

2. 前赴后继地追寻

自桑志华和德日进发现水洞沟遗址之后,水洞沟遗址的发掘和研究工作停止了近40年,直到20世纪60年代,先是内蒙古自治区博物馆的汪宇平先生在1957年再次调查了水洞沟遗址,采集了大约50件旧石器,并发表了研究成果《水洞沟村的旧石器文化遗址》一文。之后,1960年,中国和苏联古生物考察队联合对水洞沟遗址进行了大规模的发掘,这

图五 1928年出版的《中国的旧石器时代》(法文)一书中刊登的水洞沟第1地点地层剖面测绘线图

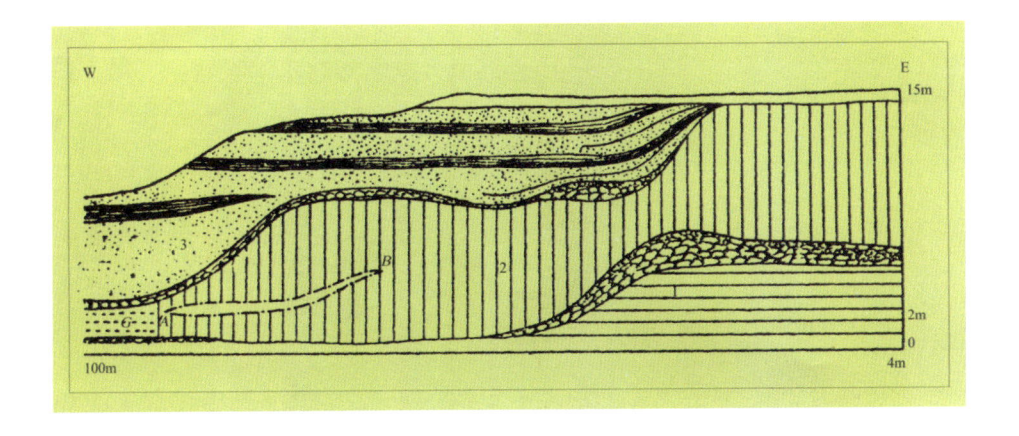

也是我们中国学者第一次发掘水洞沟（图六）。联合考察队的此次发掘共计发现了各类石器、动物骨骼标本2000余件，田野发掘工作结束后，中国著名的旧石器考古学家贾兰坡、盖培和李炎贤先生共同整理发表了《水洞沟旧石器时代遗址的新材料》一文。文中对发掘的旧石器标本进行了详细的整理和分析，再次提出了"水洞沟遗址的石器与欧洲发现的旧石器，不但加工方法相同，而且器物类型也十分一致……"

自此之后，水洞沟遗址的发掘和研究工作在国内研究机构和学者们的不懈努力下，不断有序开展。1963年，中国旧石器考古学的开拓者、周口店北京猿人头盖骨的发现者、中国著名旧石器考古学家裴文中先生带队对水洞沟遗址进行又一次的发掘。原宁夏回族自治区文物考古研究所所长、宁夏回族自治区博物馆馆长钟侃先生亲自参与了这次发掘。在钟侃先生《牵魂系梦水洞沟——水洞沟遗址发掘记》一文中详细记录了此次发掘的始末和收获。

"1963年夏天，中国科学院古脊椎动物与古人类研究所决定发掘水洞沟遗址，要派李炎贤先期来银川做好准备工作。我陪同李炎贤先去灵武，与当地领导交谈后，灵武派出当时的文化馆长王贵同志负责协助。我们三人乘着小驴车，坐

第一章 一百年的征程

图六 1960年中国和苏联古生物考察队在遗址发掘

在行李上，晃晃悠悠地在驴车上颠簸了一天，才由灵武经沙葱沟、横山堡到达水洞沟。由于考虑到后续来的人较多，只好把住宿地点安排到距水洞沟尚有5华里的横山堡……在一切准备工作均就绪后，由中国猿人头骨发现者、国际著名考古学家裴文中先生率领的，由中国科学院古脊椎动物与古人类研究所一些年轻科研人员组成的发掘队来到了横山堡……这次发掘的地点，选择在1923年德日进等人发掘的原址，只是往北和往东扩大了一些。发掘是采用自上而下，按自然地层堆积的情况分别将不同层位的化石和石器予以记录……裴文中先生和其他人员，因有其他工作，发掘尚未结束，便提前离开了水洞沟回北京。剩下的工作由李炎贤同志和我们继续进行。整个工作结束后，我们将发掘的化石和石器选择了部分标本，在展览馆的展厅中进行了公开展出。"（图七）

值得一提的是，在钟侃先生1963年的发掘工作记录中，有几件事情是十分值得关注的，对我们了解水洞沟遗址的研究历史有着极为重要的作用。

第一，关于水洞沟遗址第1地点新石器时代地层的发现。

图七　1963年裴文中先生在水洞沟遗址

"当发掘到距地表深约6米的砂砾层时，竟然在不同的部位发现了两件经过人工磨制的石斧。这使我们参加发掘的人员都感到吃惊……这一发现，无疑纠正了德日进及以往学术界的定论具有重大的科学价值。"

第二，关于水洞沟遗址第6地点即小口子遗址的发现。

"当我们忙于发掘时（第1地点），司机王振海师傅闲得无聊，就到长城外，毛乌素沙漠边缘闲逛，他根据在发掘工地上现学的识别石器的知识，无意中在水洞沟西北一处沙滩上拾捡到许多石片，回来大伙一看，其中有许多两端尖、两面经修琢的类似莫斯特尖状器的石器，大家欢呼雀跃。尽管对这类石器的年代尚无结论，但这类石器却是不同于水洞沟遗址、时代相对较晚的另一类文化遗存，这是一次重要的发现。"

王振海司机发现的这处地点，就是水洞沟遗址第6地点。同年，裴文中先生的学生，中国著名旧石器考古学家张森水先生，对水洞沟遗址第6地点进行了发掘工作，这一地点也俗称"小口子遗址"。

此次发掘中，裴文中先生依据不同地层埋藏的石器类型的差异，特别是通过发现的磨制石器和石磨盘等器物分析判断，水洞沟遗址不仅仅有旧石器时代的遗存，还存在新石器时代的遗存。这也是学术界第一次清晰地提出水洞沟遗址包含有旧石器和新石器两个不同时代。

这一期间，对水洞沟遗址其他地点的调查和发掘也在不断进行。1923年桑志华和德日进在发现水洞沟遗址后，对遗址周边的其他区域进行了调查，最初发现的遗址被命名为水洞沟第1地点，除了第1地点之外，边沟河两岸还埋藏有其他古人类生活的遗存。

1980年，为了进一步探索水洞沟遗址第1地点的文化内涵，宁夏回族自治区博物馆和宁夏回族自治区地质局区域地质考察队对第1地点进行了联合发掘，此次发掘经历了38天，发现了6700余件石制品和古生物化石标本（图八）。进入20世纪80年代，我们对水洞沟的研究不再像桑志华和德日进一样，为了寻找石器和古生物化石，我们渴望通过更多的手段去获取在水洞沟遗址生活的古人类多方面的信息，例如水洞沟遗址的年代，当时古人类生活的环境以及遗址是如何埋藏在地层中的，等等。因此，各种科技手段的应用开始在水洞沟遗址的研究中发光发热。在年代测定方面，1980年的发掘工作中就及时采集了可用于测年的^{14}C样本；环境研究方面，对水洞沟遗址地层中埋藏的植物孢粉进行了提取和分析；水洞沟遗址埋藏过程方面，在发掘中对地层进行了深入的划分和测绘。

图八　1980年第1地点发掘

从20世纪初桑志华和德日进的首次发现到80年代中国学者几十年如一日地探索，水洞沟慢慢地揭开了它神秘的面纱。学术界从发现东方第一个旧石器遗址的欣喜中慢慢沉淀下来，开始潜下心去一点点地探索水洞沟遗址隐藏的历史秘密。然而，远古的人类没有留给我们现成的答案，埋藏在黄土中的石器和动物化石是一句句无声地诉说，只有运用科学的方法和严谨审慎的推理才能听清古人留下的故事。然而，随着发掘和研究工作地深入，资料的不断增多，并且受限于当时科技水平的限制，越来越多的问题摆在了我们面前。

从水洞沟发现之初就被提出的终极之问一直困扰着国内外学者，"为什么水洞沟遗址第1地点的旧石器和欧洲的风格那么一致？"

水洞沟遗址第1地点古人类生活的年代究竟是什么时候？1980年发掘采集的测年样本显示了两组不同的数据，分别是"距今25450～16762年"和"距今38000～34000年"，这两组数据的差距实在是太大了。

水洞沟遗址第1地点虽然经过了多次发掘，但对这个遗址地层的划分仍没有定论，遗址形成过程的认识模棱两可，莫衷一是……

带着这些问题，水洞沟遗址在20世纪80年代之后沉寂了一段时间。有人说沉寂是为了更好地积淀，从而迎来更猛烈的爆发。水洞沟遗址就是这样，有20世纪80年代的发掘以来，直到2003年水洞沟遗址才迎来了又一轮的深入调查、发掘和研究。如果说20世纪的60多年来水洞沟遗址的发掘和研究是发现和初探的阶段，那么21世纪以来水洞沟遗址的发掘和研究就是丰收和解惑的时代。

二

新世纪、新理念、新团队

进入21世纪，首先是宁夏回族自治区文物考古研究所王惠民研究员领衔，于2002年整理并出版了《水洞沟——1980年发掘报告》，对1980年水洞沟遗址第1地点发掘的地层、石器和动物骨骼进行了详细的整理和分析（图九）。这本报告是国内研究机构和学者首次出版的水洞沟遗址的发掘报告，也是对20世纪水洞沟遗址的发现、发掘的历史总结和新世纪水洞沟遗址全新工作的开篇。报告中详细公布并分析了水洞沟遗址第1地点发现的与欧洲类似的石器类型、技术，引起了学术界广泛的讨论。2002年是新世纪水洞沟工作的开篇之年，除了1980年发掘报告的出版，另一件影响水洞沟遗址研究历史的重

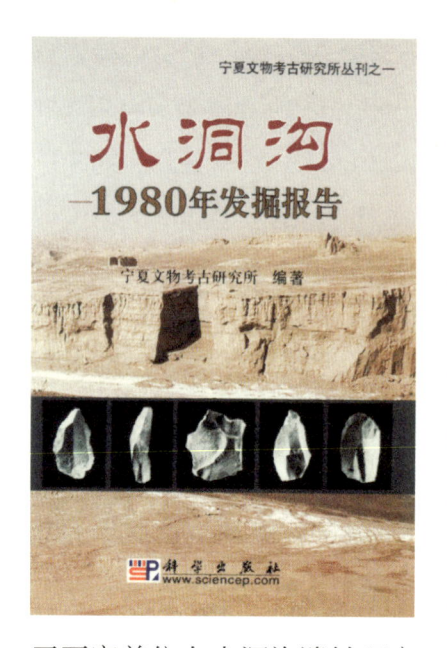

图九　水洞沟遗址1980年发掘报告

要工作也在同年开展。2002年，中国科学院古脊椎动物与古人类研究所高星研究员团队进驻水洞沟，与宁夏回族自治区文物考古研究所合作对水洞沟周边进行了大范围、系统化的考古调查，也因此开启了两家单位在水洞沟遗址研究工作中长达20年的合作，也正是这20年的共同努力，才使得如今水洞沟遗址的研究、保护、开发等工作取得世人瞩目的成果，成为中国旧石器遗址中的标杆。

1. 从调查和发掘开始

2002年，中国科学院古脊椎动物与古人类研究所与宁夏回族自治区文物考古研究所联合考古调查队，对水洞沟遗址周边开展了大范围的、系统化的调查。与以往的随走随看的调查不同，此次调查在项目执行之初就对调查区域的地貌环境、流域特征、路线规划等方面进行了详细的规划。调查过程中发现石器、动物骨骼等线索，进行详细拍照、绘图、记录，最终形成完整的调查报告，发表了《宁夏旧石器考古调查报告》一文。这次调查是水洞沟遗址及其周边第一次系统性的考古调查，有着明确的调查目的和科学的规划，毫无疑问，成果是显著的。

旧石器考古的系统调查是开展发掘工作的基础，调查发现的石器、化石以及古人类生活遗迹等是判断某个地方是不是古人类生活的遗址的最为重要的依据。其实，旧石器时代的古人类和我们对居住地的选择是一脉相承的，河流湖泊附近是古人类居住地的首选，有着丰富的水资源和水生生物资源可供生活所需，山地附近又往往有着充足的石料资源可供古人类制作石器工具，同时山地中的自然洞穴同样是优良的庇护所，山上丰富的动植物资源还可以提供食物来源。因此，山间河流谷地、湖泊周边等区域往往是旧石器时代遗址分布更为密集的地方。此次田野调查的前期策划就始于对宁夏地区1∶50000地形图的判读，首先在地形图上寻找适于古人类生存并具备埋藏条件的河流阶地、谷地、山丘和洞穴；结合详细行政区划图和以往哺乳动物化石线索，考察队确定了水洞沟遗址所在的灵武地区黄河干流-支流阶地，重点为边沟河沿岸作为调查路线（图一〇）。

田野考古调查需要调查队员步行跋涉规划好的

图一〇　第7地点发掘前调查

区域，观察区域内地表散布的旧石器和化石等，更为重要的是寻找出露断面的崖壁，观察地层内嵌着的石器、化石和集中分布的木炭，那些是古人类用火的线索。崖壁断面里的遗物和遗迹是旧石器遗址的最好证据，也叫作原生地层内的埋藏，水洞沟遗址第1地点就是如此。

　　因为调查需要每天的步行跋涉，选择最合适的线路无疑是提高工作效率和节省体力的必要选择。在此次调查中采取了地质勘探的"之"字形路线策略，重点考察地形平缓、地层堆积分布集中、河流发育的地段。当然，走访地方文物管理部门和询问当地群众也是调查中获取有用线索的方法之一。一旦在低处地表发现遗物，即向高处有地层的部位寻找，必要的时候进行小规模的试掘，力求找到石制品或化石的原生地层。当发现有价值的旧石器遗址点或线索时，就要开启遗址点的记录工作。首先用全球卫星定位系统（GPS）进行定位和坐标标注；其次对遗址点的地理位置、地貌特征、地层情况和标本进行记录和描述，建立文字档案；最后对遗址点远景、近景、地层堆积和采集遗物进行拍照，建立图像档案。这一系列的工作结束后，对一个遗址点的调查工作就基本结束了，继续出发向着下一个遗址点进发。

在经历了2个月的长途跋涉下，此次调查在边沟河两岸发现了14个旧石器遗址点，这些遗址点经过了后期的进一步复查和更多学者的核实、研讨，对其重要性和意义都有着更全面的认识，确定了未来的工作重点，为今后的发掘工作打下了良好的基础。正是这次调查，使得水洞沟的旧石器遗址点扩展到12处，这也是目前我们熟悉的水洞沟1号地点到12号地点，也正是这次调查为2003～2023年在水洞沟长达20年的深入发掘和研究提供了重要的前期准备。

谈到旧石器考古发掘，其实是一项具有极强的科学性和严谨性的工作，考古发掘是获得考古研究信息的最为重要的工作。对于任何一个遗址而言，都是仅存的唯一的一处古人类遗存，不可复原无法弥补，发掘完毕后就从此再也不存在了。如何尽最大的可能通过发掘获得遗址中最全面的古人类信息，是所有考古工作者一直在思考的问题。随着科技的发展和各种高精尖设备的应用，现在的考古发掘相较于早年间已经有了很大的进步。许多旧石器考古学者都在感叹，20世纪80年代以前的发掘基本上可以称作是"刨土豆"式的发掘方法。虽然能够按照从上而下按照不同地层堆积进行发掘，但对发掘过程中各种信息的提取是极少的，绝大部分的发掘仅仅是为了挖石器和化石，对于这些石器和化石的埋藏信息、产状信息以及人类活动的空间概念观察等都没有进行详细记录，更不用说遗迹遗物的标准三维坐标了。受限于当时的技术水平，对于测年样本、环境样本、土壤微形态样本、古DNA样本等的提取更是基本不见。

　　当然，我们不会因为现今的进步就去否认前人们在艰苦条件下的努力和取得的成就，我们只是希望通过反思过去而提醒现在。虽然我们现在比过去有了更进一步的发掘理念、方法、技术和设备，但仍然在许多古人类的信息获取方面无能为力，因此，无论使用何种手段和技术，对旧石器遗址严谨、细心的发掘工作都要做到始终如一。

　　对于现今的旧石器考古发掘而言已经有了详

细的考古发掘工作规程和规范。旧石器考古的发掘和我们可能更为熟知的历史时期的发掘有着非常大的不同，历史时期考古发掘的对象多为古人类的墓葬、居址、城址、手工业作坊等带有明显人类活动改造痕迹的遗迹，这些遗迹的功能和我们现在生活居住的场所基本一致。所以，我们在看历史时期的考古发掘中能够很清楚地区分出一个遗址中这个地方是古人住的房子，那个地方是古人烧制陶器的土窑，远处一排排的墓葬是古人死后的葬地。旧石器时代则完全不同，距今几万年前的旧石器时代，农业还没有产生，人类还不会种植谷物、不会建造房屋，能够支撑人类在大自然中生活的技能主要靠两项：用石头打制出带有锋利刃口的石器和钻木取火得来的火种。

靠着这两项技能，旧石器时代的古人类在荒野中求生，狩猎动物采集植物。旧石器时代的遗址也因此很少有遗迹现象的存在，仅有的遗迹现象绝大多数为古人类的用火遗迹，或许我们可以称之为火塘，其余的就是散落在各处的石器、加工石器产生的碎片和古人类食用后扔掉的动物骨骼。

旧石器遗址的面积往往是很小的，发掘面积一般在100平方米以下，以50平方米居多，有学者专门研究过旧石器时代遗址的平均人口数量，发现旧石器遗址通常仅有3～4人生活，远达不到历史时期的村落、城镇的规模。与此同时，旧石器时代遗址的埋藏环境是在几万年的自然地质作用下不断堆积掩埋的，极少受人类活动的影响，所以旧石器遗址的地层堆积其实就是自然的地质地层。

上面所说的这些特点也决定了旧石器遗址的发掘工作方法和其他时期有所不同。历史时期的考古发掘，通常以5米×5米或者10米×10米的探方为发掘单位，在几百上千平方米的发掘区内，正南北布设5米×5米的探方，按照探方逐个进行发掘。旧石器考古则以1米×1米的小方格为单位，按照自然地质层位自上而下进行发掘，每个自然层位中再以5厘米为一个水平层逐层发掘。发掘过程中，发现的石器、化石、烧骨和动物骨骼装饰品等所有标本，使用全站仪逐件进行三维测量，单独装袋、编号。发掘的同时要逐个在地层采集剖面上采集植物孢粉、光释光样品以及土壤磁化率测定土样等，用于对古环境、年代的分析，当然这些分析必须在实验室中进行。重点地层和人类用火遗迹及其附近的土样全部提取，进行取样浮选，通过水的浮力寻找这些土中是否存在已经炭化了的植物种子，发现古人类可能食用的植物种类。随着科技的进步，近年来土壤中的古DNA样本、土壤的微形态样本也可以在发掘工作中进行提取，在后期的实验室分析中找寻可能存在的古人类的DNA片段和遗址埋藏过程的信息。

水洞沟遗址自2003年开始就全面采用了这种现代化的发掘方法。

2. 2003～2007年：春华秋实，硕果累累

2003年，经国家文物局批准，宁夏回族自治区文物考古研究所和中国科学院古脊椎动物与古人类研究所联合组队开始了水洞沟遗址的第五次大规模正式发掘。这次发掘进行了四个野外工作年度，分为2003、2004、2005和2007年四期，先后选择了水洞沟第2、7、8、9、12地点进行了针对性发掘（图一一）。2004年为配合宁东重化工基地供水管

图一一　第8地点发掘前景观

道工程基本建设，在第3、4、5地点也各发掘了一个区域（合计揭露面积约110平方米）。

2003年度，新一轮发掘与研究在7月中旬正式拉开了帷幕。田野工作时间在7月19日至9月14日，先后在第2、7、8地点进行了工作。根据第2地点T1探方的剖面观察，该地点的旧石器文化层可分为5层；内涵丰富，仅在清理剖面时就发现石制品近40件，灰烬层1处。在与T1探方相邻的T2，发现了一处厚度达5～8厘米的残留烧结红土灶面，以及多处保存有灰烬的火塘等人类活动遗迹。在清理的厚12厘米的文化层（仅为文化层的顶部）中出土石制品及烧骨等标本2664件，其中最为特殊的是6件磨制成环状的装饰品和1件留有磨痕的石核。第7地点出土石制品和化石标本共2010件（图一二）。

2004年度在上一年度发掘的第2地点T1、T2和第7地点原有的探方内继续工作，野外工作于8～9月进行，历时42天。本期工作完成了第2地点T2探方第2、3文化层，面积约42平方米，深1.6米；第7地点探方第1文化层面积约27平方米，深0.8米的发掘。出土各类石制品8360件、包括烧骨在内的动物骨骼化石818件、动物牙齿33件、鸵鸟蛋皮化石4件、环状装饰品69件（图一三）、植物残骸2件、烧土标本2件，同时发现了3处灶面和火塘以及大量的

图一二　第7地点堆积下部的动物化石

图一三　第7地点出土装饰品

第一章　一百年的征程

烧灰、烧土、炭屑等用火遗迹（图一四）。

2004年秋，为配合基本建设，在第3、4、5地点（均属遗址的边缘带）各选择20～40平方米面积进行抢救性发掘，发掘总面积约80平方米，深度分别为6.9、10.5和6.1米，出土各类石制品462件、鸵鸟蛋皮化石2件；在第3、4地点还采集了480余件石器标本和220块鸵鸟蛋皮化石。

2005年度工作重点在第2地点和第7地点，其中第7地点和第2地点T2发掘区均发掘完毕，剖面清理至底部砾石层，文化层得以全面揭露，出土了大量石制品、骨制品、装饰品和动物化石等文化遗物。此外还对第2地点T1发掘区的第一文化层进行了部分发掘，获得了一定数量的石制品和骨制

图一四　第2地点发掘场景

品。第2地点T2发掘区继2004年揭露2个文化层后，该年又揭露3个文化层，出土石制品1412件、骨制品1件、装饰品7件、鸵鸟蛋皮2件、动物骨骼化石128件、动物牙齿16件、贝壳1件、木质标本5件。第2地点T1出土石制品2102件、动物骨骼化石6件。第7地点出土石制品4442件、装饰品2件、鸵鸟蛋皮31件、动物骨骼化石161件、动物牙齿4件。

2005年在边沟河下游距第1地点西北约4.5千米处发现一个新地点，出露长近30米、厚20～70厘米的一个文化层，含石制品、动物遗骨和用火遗迹，命名为水洞沟第12地点。在对该地点地层剖面和局部倒塌堆积物的清理中，获得了相当数量的石制品、骨制品和动物化石等；在灰烬层中发现了较多细石器，对研究水洞沟细石器遗存及其与已知的其他石器体系的关系，进而探讨中国北方细石器遗存分布与演变有重要价值。

2006年夏，对前3年的出土资料进行了初步整理，发掘工作暂停。

2007年是本次发掘的最后一个年度。8月1日至9月21日发掘了第2地点T1～T2连接方，发掘面积42平方米、深约4.3米，出土的遗物与T1基本一致。8月1日至9月8日完成了第9地点的发掘工作，之后的几天进行了第9地点系统的环境与年代测试样品采集。

对第2、9地点发掘的同时，8月8日至22日期间，在第12地点崖壁灰烬层出露的中部选择了南北向5米、东西向约2米的区域布方，对大约11.8平方米的面积进行了小规模抢救性试掘。试掘出土了石制品7384件，烧石标本13200件，经加工的骨制品11件；出土动物骨骼万余件，其中可鉴定到种属与部位的有1821件。

2003～2007年，水洞沟遗址先后进行了5年的田野发掘工作，发现了大量的石制品、动物骨骼化石、鸵鸟蛋壳装饰品以及古人类用火遗迹。这一阶段的工作是新世纪以来水洞沟遗址的第一次大规模连续性地发掘，也是自1923年以来，水洞沟遗址发掘时间最长，参与人数最多，发掘地点最多，发掘面积最大的一次田野工作，取得了极为重要的成果。对水洞沟遗址的认识也不局限于第1地点，其他的地点的发现和发掘从年代和文化面貌上极大地丰富了水洞沟遗址的内涵，形成了以第1、2、12地点为代表的距今4万～1万年间水洞沟遗址旧石器文化演变序列。除此之外，此次发掘以中国科学院古脊椎动物与古人类研究所高星研究员的研究团队为主，大量的年轻学者参与发掘和研究，为中国旧石器考古学培养了一大批优秀的学者。初步统计，参加此次发掘的科研人员和相关专业的学生多达百余人。以水洞沟遗址发掘材料为研究对象，撰写学位论文，培养的博士研究生多达7名，发表相关的研究文章多达50余篇。水洞沟遗址逐渐成为中国旧石器考古人才的培养基地。

田野发掘过程中，年轻的考古队员们迸发的青春活力也是水洞沟遗址发掘历史中浓墨重彩的一笔。先是有现实版水洞沟"狩猎采集大侠"——徒手抓野鸡、筛子捕河鱼的北京大学刘德成博士；再有"抢面第一名，空盘我最行"的号称"水洞沟七匹狼"的7位考古专业的女士……水洞沟遗址在新世纪的伊始迸发出勃勃生机。当然，彼时的水洞沟还是十分荒凉的，各种生活设施十分落后，远达不到现在水洞沟5A级景区的条件。或许这也是冥冥中注定，考古队员们居住和生活的地点仍是"张三小店"。当然，80年前桑志华和德日进居住的张三小店早已经消失在了历史的长河中，这个"张三小店"是为了纪念水洞沟遗址的发现者，景区在遗址旁复建的。但即使如此，桑志华和德日进的神奇经历在"张三小店"考古队员们的欢声笑语中，仿佛就发生在昨天。历经几万年的水洞沟遗址静静地伫立在边沟河岸，一代代的旧石器学者造访这里又转身离去，然而总有新的探索者继续走着前人的路，让这份求知的传承不断延续，这或许就是人类吧。

3. 2014～2022年：针对问题，重点深耕

距离2003～2007年的发掘又过去了多年，昔日在水洞沟遗址发掘的年轻学子们，早已成长为各大高校和研究机构独当一面的学者，如今他们带着自己的学生再次聚集水洞沟，怀揣全新的学术问题，对两个重点遗址水洞沟第1地点和第2地点进行了再一次的深度发掘和研究。

2014～2016年，在人员配备完全，发掘技术水平进一步提高的基础上，同时考虑到水洞沟遗址第2地点未发掘区域的剖面受自然风化作用明显，容易产生坍塌，出现遗迹、遗物长时间暴露的现象。宁夏回族自治区文物考古研究所和中国科学院古脊椎动物与古人类研究所联合组建考古队，规划出原发掘区域南侧的T3发掘区，对水洞沟遗址第2地点进行了新一轮的发掘。

水洞沟第2地点的发掘与以往旧石器考古的发掘不同，采用了全新的发掘技术和方法。2014年发掘开始之际，对全体发掘队员进行了数字化发掘培训，规范了遗址发掘和信息记录方法。此次水洞沟遗址的发掘采用了全新的数字化记录、分析系统，利用全站仪与数据终端的互联，发掘过程中随时记录遗迹、遗物的坐标、产状、倾向、倾角等，所有

的记录数据统一储存在专业数据库中（图一五）。利用数据分析软件，可以对不同年代不同区域的发掘遗物进行随时调取、分析和统计，形成水洞沟遗址完整的考古数据库。经过多年实践，该方法也被优化应用并推广到全国多个旧石器考古发掘工地。多个国内外高校研究生参与了此次水洞沟遗址第2地点的发掘。按照预定计划，经过3个年度，完成了对第2地点T3发掘区的清理工作，并为未来展示利用保留了相应的空间和平台。此次发掘揭露了33个火塘和大量疑似用火形成的炭屑密集区，出土石制品4000余件，并发现有大量的带有穿孔痕迹和已经穿孔磨圆的鸵鸟蛋壳装饰品。

2018年，距离1980年水洞沟遗址第1地点的发掘已经过去了近40年（1980年以来再没有对第1地

图一五　全站仪在水洞沟遗址的运用

点进行发掘）。随着水洞沟遗址第2、7、8、9、12等诸多地点的发掘和研究逐渐深入，产生的问题也越来越多，特别是第1地点的绝对年代、第1地点和第2地点之间的关系问题、不同地点的地层对应问题等，还没有得到完全解决。除此之外，经历了近40年的风吹日晒，原第1地点的剖面已经风化得十分严重，需要应用新的科技手段，更好地对第1地点进行发掘和保护工作。

针对上述学术问题和亟待保护的现状，宁夏回族自治区文物考古研究所和中国科学院古脊椎动物与古人类研究所合作，重启了水洞沟遗址第1地点的发掘工作，发掘计划自2018年始，至2022年结束，共计5年。

此次发掘，以1980年发掘的探方为核心，分别向东、北、西三个方向进行扩展，总发掘面积150平方米，发掘深度13米，共计揭露了9个文化层，共出土各类遗物10000余件。

本次发掘中，再次印证了1963年裴文中先生对水洞沟遗址第1地点存在旧石器和新石器两个阶段的地层的认识，在全新世堆积中出土相当重要的遗物类型，如磨制石器、新石器早中期陶片、骨制和贝壳磨制的串珠装饰品等。这充分说明水洞沟遗址第1地点的重要性不仅体现在其独特的旧石器时代文化遗存，对于西北地区新石器时代早中期文化研究也有着十分重要的作用。

在新石器和旧石器文化层之间，发现有较厚的一层洪积层，也是之前发掘中提到的"砾石层"，其中出土有大量石制品，既有旧石器时期的典型勒瓦娄哇技术的石叶石核和石叶，也有新石器时期的磨制石器和石磨盘残块，显示出"砾石层"应为洪积作用形成的侵蚀扰乱层。

"砾石层"之下，即为旧石器时代主文化层第8层（一共9层，第8层是旧石器文化层，第9层没有石器）。旧石器层位中出土大量石制品，绝大多数为典型勒瓦娄哇石叶技术产品，包括石叶石核、石叶、端刮器、边刮器等，同时出土大量动物骨骸和人类用火遗迹，代表了典型旧石器时代晚期初段的文化特征。

这些发现从根本上解决了水洞沟遗址第1地点的地层堆积问题，特别是以往学术界一直在争论不休的"砾石层"的形成原因和分布问题。发掘中还采集有可供测年的^{14}C测年样本超过600件，供遗址形成过程探讨的土壤微形态样本20余件，供环境研究的剖面环境土样若干……目前，水洞沟遗址第1地点新的发掘资料正在整理和研究中，这些新的材料和科技手段的运用，无疑会推动研究者不断加深对水洞沟遗址第1地点的认识。

2021年，在国家文物局的指导下，水洞沟遗址

图一六　水洞沟遗址承办首届中国旧石器考古高级培训研修班

第1地点承办了首届中国旧石器考古高级培训研修班（图一六），这也是国内首次专门针对旧石器考古发掘领队培养而举办的专题培训班，共计有来自全国各地10个不同省份的学员们参与了此次培训，并全部考核合格，圆满结业。2023年，经历了多轮评审，水洞沟遗址成功入选"国家考古遗址公园"立项名单，水洞沟遗址的考古发掘和研究将进一步走向辉煌。100年来，在几代考古人不辞艰苦，一步步地探索和研究中，边沟河畔几万年前的古人类遗存一点点揭开了神秘的面纱，逐渐让世界认识并了解，在遥远的东方有一个旧石器时代古人类生存的重要栖息地，它对研究东亚地区现代人起源有着不可替代的作用，它的名字叫——"水洞沟"。

第二章

石器技术与人群

旧石器时代是人类刚刚开始学会制作工具的时代，旧石器也叫打制石器。那时人们只会用采集的自然界的石头打击另一块石头，打下来的石片有着比较锋利的边缘，可以用来切割食物、兽皮，有些打下来的石片被进一步打制成矛头、箭头用来狩猎动物，还有一些比较大的石片被进一步打制成可以砍砸的工具，用来砍伐木头、敲骨吸髓。这些古人类制作的各种石器就是人类最初的工具。随着时间的推移，特别是进入到距今20万年左右的旧石器时代中期之后，人类智力水平不断提高，古人类制作石器的技艺也越来越高，产生了不同的石器技术体系，在石器的制作过程中可以提前计划、设计。此时，古人类不仅可以按照自己的计划和设想打制出特定形态的非常精美的石器工具，还可以在石器损坏之后进行修理和改型，石器技术已成为了旧石器文化最重要的标志，也是区分不同旧石器文化和人群的重要特征之一。

一

穿越西伯利亚的狩猎者

1. 勒瓦娄哇技术

从1923年德日进等人发现开始，水洞沟遗址第1地点的石器就一直受到学术界的大量关注。莫斯特文化、奥瑞纳文化、勒瓦娄哇技术……这些明显是从外文翻译过来的名词，安在了中国腹地的旧石器遗址之上，从第一印象就感觉水洞沟遗址第1地点肯定有故事。

这就要从世界范围内不同的旧石器文化说起了。

简单来说，莫斯特文化是欧洲和西亚地区旧石器时代中期的代表性文化，年代为距今20万～3.5万年，而能够代表莫斯特文化的标志之一，就是石器制作过程中的特殊技术，也被称为"勒瓦娄哇技术"，更为重要的是勒瓦娄哇技术的发明者是曾在距今20万～3.5万年遍布欧亚大陆的，但已经灭绝的古人类——尼安德特人。

奥瑞纳文化是欧洲和西亚地区旧石器时代晚期的代表性文化，年代为大约距今3.5万年以后，奥瑞纳文化的代表性石器技术是石叶技术。与勒瓦娄哇技术不同，奥瑞纳文化的创造者被认为是现代人。

其实，从旧石器中期的莫斯特文化到晚期的奥瑞纳文化之间，存在一个可以称作过渡期的阶段，即距今5万～3.5万年，这一阶段的石器技术既利用了勒瓦娄哇技术进行石核修整，又使用石叶技术对石核进行打片剥制石叶。所以，这阶段也被叫作"过渡阶段"或者"旧石器晚期初段"。水洞沟遗址第1地点就处在距今4万～3.5万年间，正是旧石器晚期初段这一阶段，而在石器技术上也体现出明显的"勒瓦娄哇石叶技术"特征。早在1928年，布勒等人的《中国的旧石器时代》一书中就明确提到，水洞沟遗址发现的石器类型介于莫斯特文化和奥瑞纳文化之间。

勒瓦娄哇技术最早发现于法国北部的勒瓦娄哇河谷，因此得名。相较于更早期的石器技术，勒瓦娄哇技术有着典型的经过设计、规划的特点。勒瓦娄哇技术的主要特征是在打下石片之前对用来打石片的石核进行精心的修理，所以也称为修理石核技术。修理后的石核像个倒置的龟甲。打下的石片薄而规整，经过再次加工成为各种刮削器、尖状器，用来切割、钻孔等，也有一些石片不用再次加工便可当作工具使用。勒瓦娄哇技术打下来的石片背面布满石片疤，台面上也有许多小疤片，这些是修理石核留下的痕迹。

勒瓦娄哇技术存在的时间是距今20万～3万年，

主要分布在欧洲、西亚和中亚地区，这正是尼安德特人在欧亚大陆分布和生活的时期。很多遗址中都发现有尼安德特人与勒瓦娄哇技术石器伴生的现象，可以说尼安德特人发明了勒瓦娄哇技术，很大程度上在考古发掘中发现的勒瓦娄哇技术代表了尼安德特人。在东亚地区，勒瓦娄哇技术发现不多，主要分布在俄罗斯阿尔泰地区、贝加尔湖，以及蒙古和中国北方。新疆的通天洞遗址、内蒙古的金斯太遗址以及宁夏水洞沟遗址都发现有勒瓦娄哇技术的石器。

水洞沟遗址第1地点的勒瓦娄哇技术和通天洞、金斯太遗址的还不太一样。典型的勒瓦娄哇技术是打制大型的石片，用来当作进一步加工工具的毛坯，而水洞沟的却更多地使用勒瓦娄哇技术来生产石叶。

所谓石叶，其实也是石片的一种，只不过石叶是一种特殊的石片，从形态和统计学上来看，石叶呈细长条状，两边平行或近似平行并且长宽比大于2，背面有一条或多条背脊，整体来看类似于柳叶状，是形态更为规整的石片。打制石叶相较于打制石片在操作上要更加复杂，对古人类的技术水平要求也更高，需要对石核更加精致地修理和预制，在打制石叶的过程中对力量、角度、打击点也需要更为精准地把握。

如果说勒瓦娄哇技术是最早的对石核进行预制

的技术，那么勒瓦娄哇石叶技术则是在传统的勒瓦娄哇技术基础上的进一步发展。同样是把石核预制成龟背状，但打片的时候更为精细控制，甚至为了控制力度，打片用的坚硬的石锤也会被相对较软的鹿角锤等所代替，这也是所谓的软锤打击法。

石叶生产下来以后，有着锋利且两边平行的边缘，除了可以进一步加工成各种刮削器和尖状器以外，更为重要的是这些像刀片一样的石叶可以被镶嵌在木柄或者骨柄之上，成为带柄工具。这种工具就与我们现在使用的尖刀、长矛等十分类似了，在屠宰肢解动物，加工兽皮等一系列工作中非常实用。

水洞沟遗址第1地点的石器技术就是以勒瓦娄哇石叶技术为主，绝大多数的石制品都是石叶、勒瓦娄哇石叶石核以及生产石叶的副产品（图一七）。

为何勒瓦娄哇技术会从打制石片向打制石叶发展，有学者认为可能和环境变化导致的人类生存策略的改变有关。末次冰期大约开始于距今7.5万年，终止于距今1.1万年左右，相较于距今13.5万～7.5万年的间冰期，这是一个寒冷的时期，生活在狩猎采集时代的旧石器人群，在面对气候变化的时候不得不改变原有的生存策略，特别是狩猎采集的方式。进入末次冰期以来，气候变冷，动植物资源变得更加难以获取，古人类需要跋涉更远的距离才能狩猎到足够的猎物，人群的流动性大大增强。流动性不

图一七　第1地点出土石叶

断提高的生存策略下，对工具的需求也发生了变化，原来的大型、重型的工具因不易携带被逐渐淘汰，小型化的锋利的石叶工具成了首选。除此之外，用石叶加工的类似尖刀和长矛等的复合工具，因为容易修理并且在狩猎中效率更高，也逐渐成了狩猎采集者最好的选择。正是在这种环境所导致的生存压力下，石叶技术开始产生，利用石叶加工的各类工具登上了历史舞台，逐渐成了旧石器时代人类最为重要的狩猎器具。

所以，100年来，关于水洞沟遗址第1地点最重要的问题，也是我们想解决的问题就摆在了这里。水洞沟遗址第1地点这些明显的旧大陆西方的勒瓦娄哇石叶技术从何而来？它背后的人群是尼安德特人还是现代人？

2. 尼安德特人

尼安德特人（拉丁文学名homo neanderthalens）是一种在大约20万~3万年前居住在欧洲及西亚的古人类。尼安德特人头骨化石最初在1829年发现于比利时，但是直到1856年在德国的尼安德特山谷中的一个山洞发现了头盖骨和其他骨骼，才被命名为尼安德特人。1886年在比利时又发现了两个尼安德特人的头骨，除了头骨以外，还发现了大量动物化石与人骨相伴。动物化石中有属于洞熊、驯鹿、披毛犀和古象等的骨骼和牙齿。1908年在法国的圣沙拜尔洞穴遗址中发现了一副完整的尼安德特人骨架化石。这副骨架是尼安德特人的典型代表，从此考古学者们对尼安德特人身体各部分骨骼的构造和形态有了比较全面的了解。

现代人最早起源于距今约30万年的非洲，之后向全世界范围扩散。尼安德特人与现代人在同一时空内共存了很长一段时间。对于尼安德特人是否是单独人种，是否与现代人存在生殖隔离，在20世纪和21世纪初长期存在争议。虽然基于化石的形态学研究早已表明尼安德特人与智人进行过杂交，但直至2010年，科学家才利用古DNA信息证实尼安德特人与现代人存在基因交流。至此，科学家们才达成尼安德特人和现代人一样是智人的一个亚种的共识。

化石证据显示，尼安德特人比现代人稍矮，身高1.5～1.6米，头骨宽大，骨壁厚，额头平扁，下颌骨大，门齿和犬齿特别大，可能有特殊的功用，许多尼安德特人门齿呈铲形。四肢骨短而粗壮，有着耐寒的体格，具体表现在肱骨与尺桡骨的比例，以及股骨与胫骨腓骨的比例比现代人大，这是典型的适应寒冷气候的解剖特征。他们主要生活在欧洲，肤色很有可能是浅色的。由德国马克斯·普朗克进化人类学研究所专家塞尔希·卡斯特利亚诺领衔的多国研究人员发现，智人和尼安德特人在10万年前的中东地区就发生了性接触。此前的最早记录是在5万年前。更令人惊讶的是，研究人员还发现此次性接触使所有欧亚人都带有了尼安德特人的基因痕迹。不过反过来，智人也将遗传物质留给了尼安德特人。

中国古DNA专家付巧妹博士参与了一项重要的研究。考古学家们在罗马尼亚一处洞穴中发现了一个现代人类的下颌骨。^{14}C测年显示，这具下颌骨的主人生活于距今4.2万～3.7万年。这是在欧洲发现的最早的有直接测年的早期现代人骨骼。据付巧妹介绍，他们对这具下颌骨进行了有目的性的大区域核DNA富集实验，研究发现，这个约4万年前的欧洲现代人含有6%～9%的尼安德特人基因，大大超出了人们原有的认识，说明了现代人类祖先曾与尼安德特人混血。

来自中国的证据，也显示出尼安德特人可能并不像我们想象的那样，距离我们十分遥远，与我们的祖先没有丝毫关系。

对距今13万年左右的河南许昌灵境许家窑人遗址发现的人类颅骨进行的研究，给我们展现了一幅不一样的图景。从解剖学上看，这个颅骨具有非尼安德特人的原始人特征，更不可能是现代人。然而，对颅骨的微型CT扫描发现，其内耳和尼安德特人的内耳十分类似。内耳位于颅骨的颞骨内，包含耳蜗和半规管。耳蜗将声波转换成电信号，通过神经传递给大脑，而半规管帮助人们在移动时保持平衡。CT扫描揭示，几乎所有尼安德特人的半规管都比较特别，其大小和位置往往是区分尼安德特人与更早的人类以及现代人的标志。许家窑人的研究或许证明，尼安德特人与中国地区生活的早期人群可能存在基因交流。

但中国早期生活的人群又是什么呢？会是一种新的从未发现过的新人群吗？

3. 一个新的人群：丹尼索瓦人

20世纪的俄罗斯科学院远东分院在阿尔泰山周边发现的大量距今20万～3万年间的遗址，其中就包括我们熟知的丹尼索瓦洞穴遗址。通过对洞穴中遗留的牙齿和指骨化石提取的DNA进行分析，科学家证明了丹尼索瓦人的存在，这也是世界上第一个通过DNA研究被命名的新人种，该研究被《科学》(Science)杂志评为2012年度十大科学突破之一。目前来看，虽然是依据俄罗斯的化石样本命名，其实这一人种主要分布在中国。

丹尼索瓦人的发现是在2008年，科学家在西伯利亚南部的丹尼索瓦洞穴中发现了一块4万年前的指骨碎片。这块骨头中含有着保存异常完好的DNA，2023年诺贝尔生理学奖获得者斯万特·帕博带领的研究团队对其进行了测序。他们发现与来自尼安德特人和当今人类的所有已知的序列相比，该DNA序列是独一无二的，他们发现了一种此前未知的古人类，并命名为丹尼索瓦人。

比较分析显示，与来自世界不同地区的现代人类的序列相比，丹尼索瓦人和现代人之间也发生了基因流动。生活在美拉尼西亚和东南亚一些地区的人群中，携带有大约6%的丹尼索瓦人DNA。由此可见，丹尼索瓦人与尼安德特人、现代人一样，都是智人的一个亚种，但又存在区别。

其实丹尼索瓦人对中国来说并不陌生，距今28万年前的辽宁金牛山人，距今20万年前的陕西大荔人，距今13万年前的广东马坝人以及山西许家窑人等，都极有可能为丹尼索瓦人，只不过当时发现这些古人类化石时，尚未有先进的古DNA测序手段，也没有丹尼索瓦人这一命名。

2019年5月，发现于青藏高原东北部甘肃甘南夏河的古人类下颌骨化石，经古DNA分析研究确认其为距今16万年的丹尼索瓦人，这是目前东亚发现的最早的丹尼索瓦人化石，也是俄罗斯丹尼索瓦洞以外的首个丹尼索瓦人线粒体基因序列，最终揭示丹尼索瓦人成功适应了高寒缺氧的环境，在晚更新世就长期生活在青藏高原。这也是丹尼索瓦人在亚洲地区广泛分布的一个有力证据。

关于现代人起源的历史一直被所谓的"夏娃理论"或者"替代论"所统治：现代人在非洲崛起，然后横扫欧亚，灭亡并替代了尼安德特人和其他地区的古人类。然而，随着古人类化石和现代人的细胞核DNA的重新分析表明，现代世界上的人类都携带有当地古人类的古代DNA的痕迹。如今生存在地球上的人类只有一种。但情况并非向来如此，千百万年来，"人属"一直分为很多种，在各个地区不断发展演化，一直延续至距今3万多年的旧石器时代晚期。不同人种不仅共同生存，而且可能相互交流、通婚，从而给我们现代生活在各地区的人类身上留下了不同的DNA。

最近，斯万特·帕博研究团队对俄罗斯丹尼索瓦洞穴中发现的"丹尼索瓦人11号"化石进行了基因组测序，进一步发现，其属于一名至少13岁的年轻女性，5万多年前死于欧亚大陆东部，更为重要的是，她的母亲是一名尼安德特人，父亲是一名丹尼索瓦人，而后者同时也带有部分尼安德特人血统。"丹尼索瓦人11号"及其父亲带来了尼安德特人与丹尼索瓦人混血交配的直接证据。

4. 你从何而来？

从利用勒瓦娄哇技术生产石叶这一特点来看，水洞沟遗址第1地点就与欧亚大陆西侧的尼安德特人群有着密切的关系。纵观整个勒瓦娄哇技术在距今20万～3万年间在整个欧亚大陆的发展和分布，可见勒瓦娄哇石叶技术在大约距今5万多年的俄罗斯阿尔泰地区产生；在距今4.5万～3万年间，遍布于欧亚大陆，从东欧到中亚阿尔泰地区再到东亚的蒙古－贝加尔湖沿线，勒瓦娄哇石叶技术分布在整个欧亚草原。水洞沟遗址第1地点的勒瓦娄哇石叶技术就是在这种时代背景下出现的。

从石器技术角度判断旧石器时代人群的迁徙、交流是目前旧石器考古研究中最为重要的研究内容之一。

进行这项研究首先需要研究者对石器技术有着精准的判断,分析遗址中发现的这些石器是利用何种技术加工的,这种技术有哪些特征,对比其他地区的石器技术有何相似性和不同点。因此,旧石器考古研究者们对考古发掘中发现的每一件石制品进行观察,判断其在整个石器生产过程中的位置。这件石片是如何产生的?是修理预制石核过程中的产品,还是加工一件刮削器过程中的产品。这件石核是生产石片的还是生产石叶的?是否在打片之前进行了预制和修理?这件工具的毛坯是石片还是石叶?是一件刮削器还是尖状器……研究者在不断地分析和判断中逐渐把成千上万件的石制品一个个归类、描述、绘图,从而慢慢地揭露出整个遗址石制品的所有类型和技术指标。

这种分析也被称为"操作链"分析方法。"操作链"分析法把石器看作是具有生命的一件物品,从大自然中采集石料开始,到对石料进行修整预制使其成为可以打片的石核,再到利用石核打片,使用打下的石片或者石叶加工工具,最后工具废弃,这一整个过程即石器的"生命史"。

石器的生命史和陶器、瓷器等的不同，每一个石器生产的步骤都是不断打击的过程，不停地有大小不一的石片、碎片和断块的掉落，从最初原料到最终的石器工具，石料在不断地减少，故而，石器的生产是一个不可逆的过程。也正因为如此，理论上讲，石器生产的每个过程所产生的各种石片、碎片，都在这一生产链条中有其特定且唯一的位置。类似于拼图，考古学者们把发掘中发现的石制品一件件地拼回到石器生命史的不同阶段中，最终形成一条完整的石器生产"操作链"。不同的"操作链"体现了不同的石器技术，不同的石器技术又代表了不同的人群。

当然，任何遗址石器生产"操作链"的复原，都是研究者在观察和分析大量石制品的基础上完成的，带有一定的主观性因素，为了更准确地验证复原出的"操作链"是否准确，研究者还需要进一步地验证，也就是石器模拟打制实验（图一八）。

石器模拟打制实验可以说是每一个旧石器考古学者必修的课程。通过亲身打制石器，可以更好地感受石器制作过程中的每一步，可以帮助研究者更好地判断石器技术，认识考古遗址中发现的各种石制品。打制石器实验本身也是旧石器考古研究中的重要一环，很多学者都通过打制石器实验验证石器技术分析的合理性，甚至通过打制实验发现，仅凭

图一八　石器模拟打制实验

观察中不能定位的石器类型，从而改变以往研究者对某种石器技术的看法。

河北阳原泥河湾盆地马鞍山遗址的细石叶技术分析就是一个很重要的例子。以往我们对马鞍山遗址涌别技法的细石叶技术有着比较固定的认识，认为涌别技法在剥制非常细小石叶的过程中需要先对石核进行两面加工，使石核形成两面对称且厚度很薄的状态，之后再利用石核很薄的边缘为背脊进行打片，剥下细石叶。因此，很多学者认为要修整很薄的石核，石核的毛坯应该为本身就很薄的石片，便于两面修整，厚度比较大的岩块并不适合两面修整。但从打制实验的角度来看，厚度很大的岩块也可以修整成两面对称且很薄的状态，只不过在修整的过程中需要从岩块的特定位置、特定角度进行。而利用岩块修整石核，在这一过程中会产生形态特殊的石片，幸运的是，这种特殊的石片在马鞍山遗址中发现的数量也很多。一直以来，研究者很难将这些特殊的石片进行明确的定位，而通过石器模拟实验，终于可以准确地认识这批石片，从而进一步推导出涌别技法也可以使用体积较大较厚的岩块作为石核毛坯进行细石叶的打片。

类似的研究在旧石器考古中是很多的，针对水洞沟遗址第1地点的勒瓦娄哇石叶技术所进行的研究更是数不胜数。国内外旧石器考古学者经常性地进行勒瓦娄哇石叶技术的实验复原，并把这一实验过程做成视频进行相互交流。水洞沟遗址第1地点石叶技术的分析和判断有着充足的实验证据支撑，这也是为何水洞沟遗址第1地点的石叶一经发现就引起了学术界的重大关注，这种石器技术大家太熟悉不过了。

在对水洞沟遗址第1地点的勒瓦娄哇石叶技术的分析后，中国的旧石器考古学者们把目光放到了距今5万~3万年的俄罗斯阿尔泰地区。毕竟这一区域是这种石器技术的最早产生地，也是目前发现最为密集的区域，丹尼索瓦遗址、乌斯季卡拉克尔遗址、卡拉博姆遗址、阿努伊遗址、奥克拉德尼科夫遗址等，大量这一时期的遗址被发现发掘。从石器技术的对比来看，无疑水洞沟遗址第1地点和这些遗址中出土的石器是一致的，但是仅凭此就能证明水洞沟遗址的勒瓦娄哇石叶技术就是从阿尔泰地区传播过来的吗？

在旧石器考古学中判断某一个地区石器技术是否是因为跨地区传播而产生的，首先是找到技术的祖源，也就是最早产生这种技术的地区。当然，判断某一地区是否是一种技术的最初产生地，要从更早时期的石器技术着手，分析这一地区存在技术发展的脉络。阿尔泰地区距今20万年左右的遗址也有大量的发现，那时的阿尔泰地区主要被尼安德特人占据，并且石器技术主要为勒瓦娄哇技术，与此同时，随着非洲地区现代人的扩散，最早产生于非洲和西亚等地的石叶技术也随着现代人的迁徙，逐渐扩散到阿尔泰地区。在距今5万年左右的时候，阿尔泰地区已经有了早期尼安德特人勒瓦娄哇技术的长期积淀，同时也有着石叶技术的传入，所以两者的结合——勒瓦娄哇石叶技术的产生也就不足为奇了。也因此，阿尔泰地区理所当然地成了勒瓦娄哇石叶技术的起源地。

在找到技术的祖源地阿尔泰地区之后，还要进一步分析水洞沟遗址第1地点的勒瓦娄哇石叶技术是否存在本土起源的可能。在这一点上，旧石器考古学研究者们就要引入另外一种分析理论和方法了，也称为"技术心理"研究。其实，关于石器技术，我们完全可以把它当作是一种每个人都可以掌握的技能，而越复杂的技术掌握的难度就越大，就需要不断地学习和练习，而这种学习在遥远的旧石器时代只能是代际相传，父传子、子传孙。这种代际相传的方式使得石器技术在每一代人的心理上有着固定的烙印，甚至可以说是族群固定的文化符号。因此，越复杂的技术在不同地区分别起源的可能性就越小。勒瓦娄哇石叶技术就是这样一种石器技术，它的复杂性即使放到如今的旧石器考古学者中也是可见一斑的。虽然现在的旧石器考古学者对这种技术已经十分了解，对它的每个步骤了如指掌，但在石器模拟打制实验中，能够完全复刻这种技术，打制出石叶的人，可以说是凤毛麟角，只有经过长时间练习的研究者才能够做到。而在距今4万年左右的水洞沟遗址，勒瓦娄哇石叶技术可以说是当时人群的安身立命之本。

从另一点来说，除了水洞沟遗址第1地点外，在东亚的其他地区，如蒙古色楞格河沿岸，西伯利亚贝加尔湖地区这些遗址都大量发现和水洞沟遗址同时期的勒瓦娄哇石叶技术。

研究者们通过上面这一系列的分析，逐渐确定水洞沟遗址第1地点的石器技术源自阿尔泰地区。在如今水洞沟景区的宣传片中有这样一句话："距今4万年前，一群来自遥远的西伯利亚的狩猎采集者，迎着凛冽的寒风，一步步向东南迁徙，来到了水洞沟这个水草丰美的地方。"这一句简单的话，是自1923年德日进等人发现水洞沟遗址第1地点以来，经历了近一个世纪的研究之后，对水洞沟遗址第1地点最生动的描述。

但旧石器考古学者们还要思考，这群人是什么人种？

很遗憾的是，虽然经过了一个世纪的发掘工作，水洞沟遗址各个地点目前都没有古人类化石的发现，我们目前没有得到最直观的古人化石和古DNA资料，无法对水洞沟人进行科学的分析和判断。但是，从阿尔泰地区的发现来看，使用勒瓦娄哇石叶技术的这群人就是如"丹尼索瓦人11号"一般，是尼安德特人和丹尼索瓦人的混血，那么水洞沟遗址第1地点的人群，是否也是他们的后代？是他们不远万里长途迁徙来到了水洞沟？这是目前水洞沟仍留给我们的未解之谜。

二
源自本土的人群——第2地点

水洞沟遗址第2地点距离第1地点不足200米，但是，水洞沟遗址第2地点发现的石器技术与第1地点迥然不同。第1地点的古人类掌握的是勒瓦娄哇石叶技术，而第2地点的古人类使用的却是中国本土的小石片技术（图一九）。

小石片技术和勒瓦娄哇技术不同，属于相对简单的石器制作技术。古人类从野外捡来石头，直接就用石锤进行打片，打下来的石片有着锋利的边缘，直接就可以用作刮削器，我们称这种工具为"直接使用石片"；也有些石片被古人类进一步加工，使其形态更为规整，边缘更加耐用，我们称这种工具为

图一九　第2地点石制品

"小石片石器"。这种小石片技术在中国出现的时间是最早的，距今166万年左右的河北泥河湾盆地的旧石器早期古人类使用的就是这种石器技术，发展到距今70万～60万年的北京猿人遗址，也是小石片技术，一直到距今10万～3万年间的中国北方，小石片技术始终是中国北方古人类中占绝对优势的石器技术，直到大约距今3万年以后，小石片技术才逐渐被更为复杂的石叶和细石叶技术所取代。

经过100多万年的进化，人类在体质上经历了从直立人向智人的演化，以往西方学界对东亚地区直立人向智人的演化有着"夏娃理论"或称为"替代论"的观点。他们认为，东亚地区的直立人并没有进化成智人，而是在进化的途中灭绝了，东亚地区的智人都是距今约20万年的非洲一位智人女性的后代，智人从非洲起源后扩散到世界各地，逐渐取代了如欧洲、东亚、南亚等地一直生存的人群。关于东亚地区智人起源的观点，中国学者通过化石和文化两方面的证据提出了不同的看法，认为中国地区的智人是从直立人阶段一直连续进化的，没有灭绝，进化的过程中如非洲的"现代人"，欧洲的"尼安德特人"都进入过中国大地，他们与中国一直以来生活的人群有过基因交流。这种理论也被称为"连续进化附带杂交"理论。

在过去的几十年里，特别是古DNA技术还没有出现，或者还没有广泛应用到人类起源研究的时候，中国学者的理论经常被西方学界嗤之以鼻。但是，几年来古DNA的证据越来越多地证明了"连续进化附带杂交"理论的正确性。随着尼安德特人DNA序列的复原，丹尼索瓦人DNA的发现以及在中国的分布，特别是现代世界各地人群中广泛存在的尼安德特人和丹尼索瓦人基因，都显示出"替代论"和所谓的智人"单一地区起源"说的局限性。

其实，从中国北方延续100多万年的小石片技术的一直存在就已经给我们提供了中国地区古人类连续进化的文化证据。水洞沟遗址第2地点在石器技术上和100万年前的泥河湾盆地是一致的，但在其他的人类行为方面显示出带有明显年代特征的进步性，像是鸵鸟蛋壳装饰品的加工、大量火塘的使用，以及用动物骨骼加工成工具等行为。

这里很多人都会问，为什么100多万年来中国北方的石器技术一直保持在小石片技术这种相对简单的技术上，而没有出现像西方的勒瓦娄哇技术这种复杂的石器技术？其实，这也是中国的旧石器考古学者一直在着力研究的问题。有学者认为中国北方之所以从旧石器时代早期到晚期初段，小石片技术一直存在，没有发生太大的变化，和中国北方环境以及人群的稳定性有关。在长达100多万年的时间里，这片土地没有过大范围的其他地区人群的迁入和影响，原始的旧石器早期人群可以一直延续发展，小石片技术也就没有受到其他石器技术的冲击。另一方面，中国北方整体而言古环境变化并不剧烈，虽然也有冰期和间冰期冷暖的交替，但是还没有达到非要古人类改变石器技术的程度。还有一种看法认为，在面对环境变冷的情况，中国北方的小石片技术人群的狩猎采集生活压力很大的时候，这一人群没有选择改变石器技术的策略而是向南方更为温暖的区域迁徙。

在距今3万年以后的中国南方开始出现大量的小石片技术，之前，中国南方主要使用的是大型的河滩砾石加工的工具。在距今3万年以后，也就是末次冰期冰盛期来临的时候，整个世界也到了旧石器时代最为寒冷的阶段，这时的中国南方大型的砾石石器基本不见了，取而代之的是中国北方的小石片技术。而距今3万年以后的北方，终于到了小石片技术逐渐消失的时候，来自更北方的贝加尔湖和蒙古地区带着石叶和细石叶技术的人群，为了寻找更为温暖适宜的环境，南下进入到华北地区，这也是中国北方旧石器晚期石叶和细石叶技术的来源。

水洞沟遗址第2地点距今3.5万~2.2万年，正好处在小石片技术在中国北方的最后阶段。水洞沟遗址第2地点的古环境研究也显示出这个遗址的人类经历了从湿润的湖泊环境到寒冷干旱的荒漠草原环境的演变，或许正是这种环境的变化导致了水洞沟遗址第2地点在距今2万年左右不再适合人群居住，人类选择了离开。

三

进击的狩猎采集者——第12地点

距今3万年以后，随着末次冰期冰盛期的到来，全球的旧石器时代的狩猎采集者都在经历着严酷环境带来的挑战，石器的小型化成了这些狩猎采集者

图二〇　第12地点出土细石核

们应对极其恶劣环境的有效策略。细石叶技术在这时产生，并广泛分布在欧亚大陆的北方。

　　细石叶和石叶一样也是两边近似平行，长宽比大于2的特殊石片，但体积上比石叶小得多，如果说石叶类似于柳叶状，那么细石叶就类似于韭菜叶状，统计学上细石叶的宽度不超过8毫米。打制细石叶的石核我们称其为细石核，细石核也是事先通过对岩块或者石片进行预制，之后用鹿角或者镶嵌有鹿角的压剥棒，用力压石核的边缘，掌握好压制的点位、力量，细石叶就会顺着石核上已经预制好的脊被剥制下来（图二〇）。剥制一片细石叶之后，剥下来的细石叶疤痕就会在石核上留下新的脊，继续利用这些脊就可以连续剥制细石叶。

古人类生产这种细小的石叶是用来作为锋利的刀片镶嵌在木柄或者骨柄上。先在骨柄上刻一个凹槽，然后将这些细石叶平行镶嵌在凹槽里，然后用树胶或者鱼鳔胶固定，最终形成一把带有锋利刃缘的石刀。距今约1.3万年的北京东胡林遗址就发现了一把完整的骨柄石刃刀，出土的时候细石叶还完好地镶嵌在骨柄之上。有人可能会问了，这种用石头打下来的细石叶到底有多锋利，还能比我们现在的金属刀具锋利吗？

曾有西方学者使用黑曜石刀进行了外科手术实验，实验过程中，外科医生对这种黑曜石加工的石刀大加赞赏，因为它的刃部极其锋利便于伤口愈合。考古学者们还把黑曜石、燧石、石英石、钢制剃须刀片以及外科手术刀的刀刃放到一起，进行显微镜下的观察，结果令人吃惊。这些刀刃中最钝的是燧石刀刃，其次是石英石刀刃，但石英石刀刃比燧石刀刃锋利9.5倍。钢制手术刀仅比石英石刀刃锋利1.5倍，而双面剃须刀片要比手术刀锋利2.1倍。最令人惊奇的是黑曜石刀刃，从厚度看，它是剃须刀片厚度的1/500～1/100，即比现代的手术刀锋利210～1050倍。甚至黑曜石刀刃还被用于眼外科手术，手术非常成功。由于刀刃异常锋利，所以对眼肌几乎没有损伤，伤口愈合很快。更重要的是，在手术中因刀刃锋利对眼球没有造成太大影响，因而使眼球移动极慢，便于医生准确下刀。这种刀刃又用于各种手术中，伤口愈合都很快，几乎没有留下伤疤，而且也大大减少了病人的痛苦。用扫描电镜观察黑曜石刀刃和手术刀对肌肉的割痕，前者的刀口干净整齐，而后者却像锯过一样，造成了肌肉的撕裂和位移。由此可以看出，这些石刀刃的锋利程度完全不输现在我们常用的刀具，对于旧石器时代的狩猎采集者而言，用他们屠宰、肢解动物完全不在话下（图二一）。

细石叶技术的出现是狩猎采集者技术的又一大进步。从距今3万年以来，一直到距今1.1万年左右

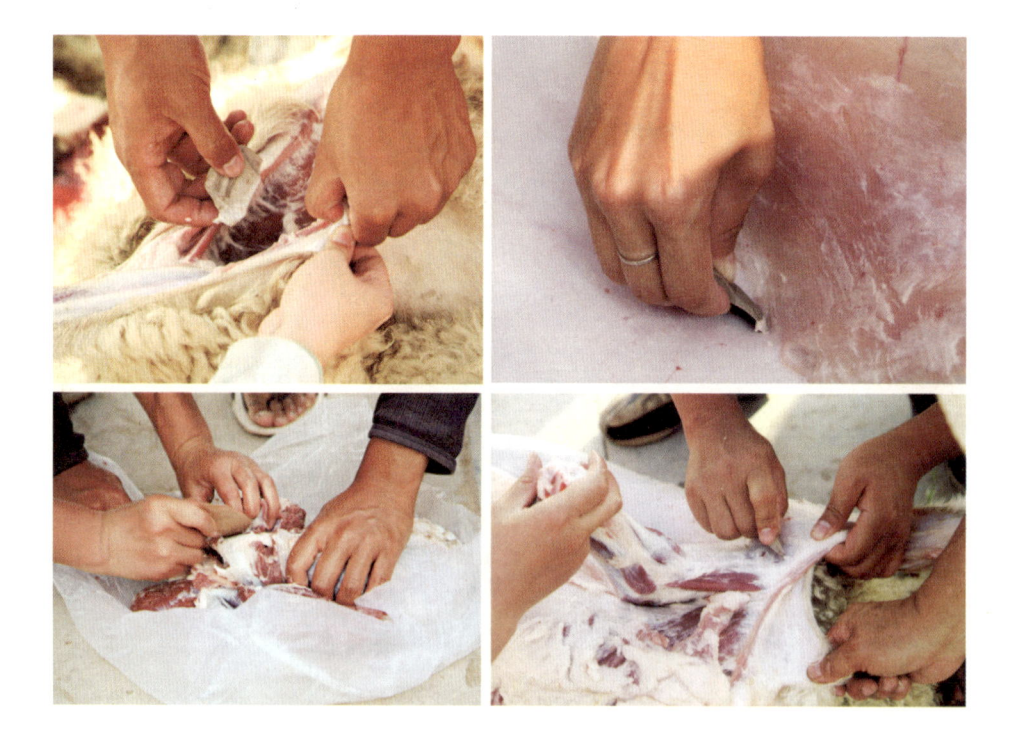

图二一　石器宰割动物实验

的新、旧石器时代之交，细石叶技术是整个东亚地区最为常见且分布最广的石器技术，古人类使用不同的石核预制方法、细石叶剥制方法等，慢慢发展出了不同的技术体系，这反映了其背后不同的技术人群。

水洞沟遗址第12地点的细石叶技术的时代为距今1.3万～1.1万年，从细石叶剥制方法等技术特点来分析，和华北地区距今3万年以来的细石叶技术十分一致，属于同一个系统（图二二）。可能水洞沟遗址第12地点的人群自华北地区迁徙而来。从环境的视角来看，这一时期的水洞沟已经度过了最寒冷的阶段，气候开始逐渐转暖，又变得适宜人类的生活。只不过与之前的第1、2地点相比，经历了1万多年的演变，这时的水洞沟第12地点的人群展现了不同的文化面貌和狩猎采集行为。

细石叶技术的产生和广泛使用无疑是重要的一个特征，除此之外，在狩猎动物行为方面，距今1万多年的狩猎采集者们也取得了重要的进步。他们不再迷恋于狩猎大型的动物，如牛、野马、鹿等，而是更为偏向于狩猎小型的动物，像是兔子、鸟，甚至水生的鱼类、贝类等，都是这一时期狩猎采集者们更为偏好的狩猎对象。除此之外，对各种可食用植物的认识也有了很大的进步，类似于芋头等的块根块茎类的植物逐渐丰富人类的食谱。

图二二　第12地点出土细石叶

经历了末次冰期冰盛期恶劣环境洗礼的狩猎采集者，在不断地进击中，越来越适应环境的演变了，不仅石器技术上有了新的改变，在对植物资源的认识上更是取得了重要的进步。这种对植物的大量观察和食用，慢慢催生了农业产生的萌芽，人们开始注意到植物春生秋获的规律，开始按季节采集不同的植物，并尝试进行人工驯化和种植。就这样距今1万多年的狩猎采集者们逐渐走完了狩猎采集时代最后的一段路，农业时代的曙光开始展现，人类也即将迎来新石器时代和迈向文明的新征程。

第三章

石器的功能

旧石器时代石器是古人类最为重要的生产和生活工具，既然是工具，那么石器的功能无疑是摆在考古学者们面前的第一个问题。怎样判断一件石器到底是干什么用的呢？

就像我们判断现在我们日常生活中的工具一样，我们依据生活经验看见这件器物，通过器物的形态就能够知道它的功能。例如，菜刀、尖刀、裁纸刀、镰刀、剪刀等，不同的刀具有着不同的用途，这些是我们生活经验的积累所带给我们的知识。考古学家们在初看这些带有锋利边缘的石器的时候，也是这样判断的，即依据我们当今的生活经验去判断旧石器时代石器的功用。于是，他们按照功能对石器进行了一系列的划分，如刮削器，一般带有锋利的边缘，可以用来切割肉食、兽皮等；砍砸器，一般有着较钝的刃部，器形宽大厚重，可以用来敲骨吸髓、砍伐树木，类似于我们现在的斧头；雕刻器，一般有着类似于屋脊状的刃口，和我们现在常用的刻刀刃口很像，可以用来在木头、骨头上进行刻槽、雕刻装饰品等，这种在功能上对石器进行的命名在旧石器考古十分常见，也是一个多世纪以来，旧石器考古学者们都要掌握的最基本的认识石器的方法。

但是，随着发现的石器越来越多，特别是对古人类行为研究的逐渐深入，使得考古学者们发现这些石器的命名可能过于简单了。古人类的行为是复杂的，石器的功能也很可能并不止一种，例如旧石器早期的手斧，虽然叫作手斧，是古人类手持使用的可以砍伐树木的一种工具，但是，它锋利的边缘还可以用来剥制兽皮、切割肉食，甚至有学者认为漂亮的手斧还是古人类炫耀技术、求偶用的一种礼物。如果石器的功能不是单一的，那我们在面对一件石器的时候怎样才能知道古人类到底用它干过什么事情呢？

一

微痕分析

在绞尽脑汁地思索之后，考古学家们终于发现了一条可以发现石器具体使用情况的线索——微痕分析。石器的微痕，指的是石器表面因为各种人类活动所产生的微小的痕迹。这种痕迹一般很难用肉眼观察到，需要借助显微镜观察。石器微痕的形成与人类的使用有着密切的关系，切割、砍伐、雕刻、钻孔等活动都会产生不同的微痕，甚至石器不同的工作对象也会造成微痕的差异，例如切割肉食和切割木头产生的微痕就截然不同。

20世纪50年代，苏联考古学家谢苗诺夫（S. A. Semenov）最早建立了痕迹学实验室，开创了微痕分析技术，并采用该方法长期致力于石器功能的研究。谢苗诺夫的著作《史前技术》的出版给当时的考古学界带来了强烈的震撼，考古学者们首次发现微痕观察在分析石器功能上的重要作用。由于谢苗诺夫主要使用反射光的双目显微镜对石器微痕进行观察，这种显微镜的放大倍数一般低于60倍，所以也被后人称为"低倍法"。之后，美国考古学家基利利用电子显微镜对石器的微痕进行观察，电子显微镜观察的放大倍数在100倍以上，因此，后人也称这种方法为"高倍法"。在低倍法和高倍法诞生之初，两方曾针对方法的科学性进行过长时间的论战，影响遍布全球。"高倍法"和"低倍法"之争也是旧石器考古学发展史中浓墨重彩的一笔。时至今日，大家开始逐渐认识到，"低倍法"和"高倍法"其实在观察的主要内容和侧重点上是不同的，都有着各自的优势和不足。一般来说，石器刃部因为使用而产生的剥离的痕迹，在40～60倍的低倍法观察区间内最为合适，长时间使用在石器刃部形成的光泽，则需要100倍以上乃至400倍的高倍法显微镜观察。

在显微镜观察下会发现，旧石器遗址中发现的各类石器具有各种各样的微痕，如何判断这些微痕是古人类哪种使用方法所产生的，抑或是加工哪种材质的物品时产生的呢？这就需要考古学家们首先进行石器的使用实验，先制作和遗址中发现的一样的石器，然后使用这些石器加工不同材质的物品。例如，切肉、刮皮、砍树、钻孔等，目的是观察特定的使用过程中微痕产生的过程。当然，某一类石器可能有多种功能，但从它的形态来观察主要功能是砍砸，那在实验对比中就需要对这种石器进行更多地砍砸使用。使用时间的长短和工作对象专门化等，都会产生不一致的微痕。与此同时，考古学家们还必须区分出微痕确实是古人类使用过程中产生的，而不是在埋藏过程中各种自然风化作用所产生的，所以，对自然风化产生的微痕也需要有相关的实验观察，建立证据。经过一系列的实验，考古学家们可以建立起一套相对完整的石器微痕数据库，针对不同原料、不同使用方式和工作对象所产生的微痕，又有着详细的特征和影像记录，至此，再判断具体考古发掘中发现的石器功能，就更加客观科学了。

水洞沟遗址第2地点的石器功能研究，就采用了微痕分析的方法。研究者选取了水洞沟遗址第2地点第2文化层中的48件石器进行微痕观察。首先从形态上看，研究者初步确定这48件石器中的28件为刮削器，可能被用来刮削、切割使用。之后，对这些刮削器刃缘的磨圆、光泽、条痕、疤痕大小、位置以及疤痕形态等多种微痕特征进行了观察和记录。在工具的使用方式上，研究者从微痕形态上，对这些石器使用过程中可能存在的垂直运动、纵向运动、横向运动和用手执握等情况进行分析。这次对水洞沟遗址第2地点石器的微痕分析，采用的是低倍法的观察方法，对微痕的光泽观察上存在不足，因此，对这些石器的加工对象的识别能力有限，难以精确到具体的物质，只能初步判断加工对象的软硬度，如较软的肉、新鲜的兽皮皮革、较硬的动物骨头、干皮革等。从观察结果来看，48件标本中有明确微痕的标本为9件，微痕不确定的标本有2件，剩下的37件标本上没有发现微痕。这9件标本中，有4件用于刮削，4件用于切割，还有1件标本非常特殊，可能古人类将这件标本与木柄或者骨柄进行了捆绑，使其成了一件带柄的复合工具（图二三）。

　　微痕分析目前已经成为旧石器考古中判断石器功能不可或缺的一项研究，已广泛应用在各个地区各个时代的旧石器遗址。微痕分析是旧石器考古学家们第一次利用显微镜对考古发掘的遗物进行观察

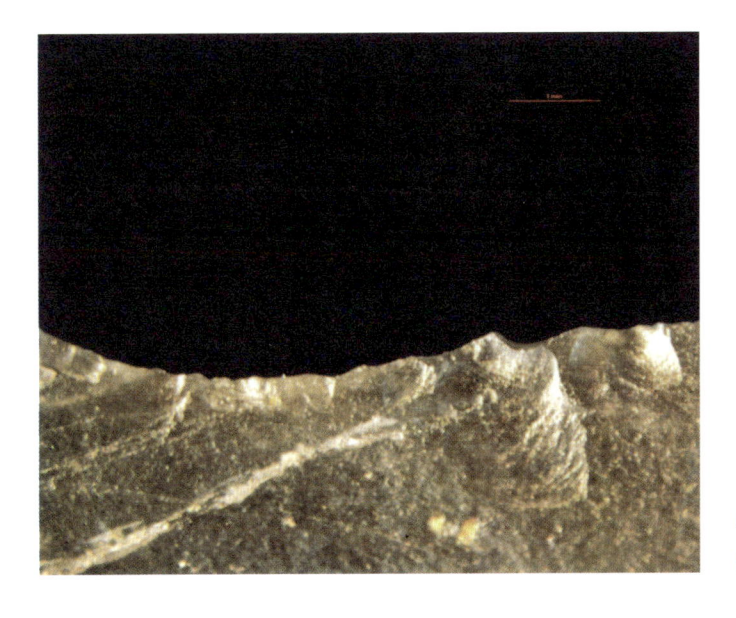

图二三　第2地点石器微痕分析

的技术，它带来的影响是巨大的。微痕分析的成功实践，使得显微技术逐渐在旧石器考古中广泛应用，特别是在分析石器功能方面，考古学家们又开辟了许多新的研究方法，找到了古人类如何使用石器的更多线索和证据。

二

残留物分析

当考古学家通过微痕证明石器被用于屠宰和切割肉食或者兽皮之后，他们理所当然地想更进一步，了解这些石器工具作用于哪种动物。如果这些石器工具上能够残留一些当时动物的残留物的话，那就再好不过了。考古学家们就是抱着这种想法在考古发掘的石器工具表面不断寻找可能存在的蛛丝马迹，终于，动物的血红蛋白残留物被考古学家们发现了。

我们知道，当一件石器工具被用来屠宰或者肢解动物之后，血迹会干得很快并留在石器表面上，如果该工具出土之后并未彻底清洗，上面的血渍就能进行血红蛋白的分析。由于每种动物血红蛋白的晶体形状各不相同，这就为考古学家判断动物种类提供了一种分子指纹。有考古学家对加拿大不列颠哥伦比亚省沿海的一处旷野遗址进行了研究，这个遗址大约距今10000～6000年。从100多件燧石、玄武岩和黑曜石制成的石器工具上，考古学家鉴定出了鹿、棕熊、加利福尼亚海狮和其他物种的血红蛋白，确定了这些石器的具体工作对象以及古人类具体的狩猎动物种类。

除了动物的血液残留物以外，植物的残留物遗存也会指示石器具体的实用功能和工作对象。植物在石器上的残留主要包括淀粉粒和植硅体两种，具体的原理和应用在第七章狩猎采集人群中会有所介绍。

从上面的这些介绍来看，考古学家们对石器功能的判断不是单一手段，也是多种方法共同使用的结果。其实，不仅仅是旧石器时代的石器，各个历史时期的器物的功能都是考古学家们所关注的重点。我们比较熟悉的新石器时代仰韶文化中的小口尖底瓶的功能研究就是十分典型的一个案例。以往我们通过小口尖底瓶的形态，认为它可能是一件储水器，瓶子两边的耳用来拴系绳子，便于扔进湖中取水。但是通过实验发现，小口尖底瓶的这种取水方法其实并不好用，而一项对小口尖底瓶内部的残留物的分析给我们提供了新的看法。考古学家们对河南渑池仰韶村遗址第四次考古发掘出土的八个尖底瓶的残留物进行了分析，发现了古人利用小口尖底瓶酿酒的证据。这些小口尖底瓶内部的残留物中检测出谷物发酵酒残留，很可能是以黍、粟、水稻、薏苡、野生小麦族和块根类植物为原料制作的发酵酒，采用的是发芽谷物和曲发酵两种酿酒技术。这也是中国利用谷物酿酒的最早证据。

第四章
古人类的用火

一

围坐火塘

人类用火行为的研究，是旧石器时代考古研究中十分重要的一环，目前国内明确发现最早的古人类用火证据是周口店北京猿人遗址，距今50万～40万年。距今50万年是人类进化的早期，当时的人类从体质特征上还属于直立人阶段，也就是刚刚学会直立行走，代表人类智慧的大脑发育尚不完全，脑容量仅有800毫升左右，而我们现代人的脑容量一般在1300毫升左右，但就是这些在智力水平上仅处在人类进化初期的直立人，就已经开始学会使用火了。火的使用对于人类的进化有着重要意义，不仅在狩猎动物方面提高了成功率，更为重要的是在饮食上摆脱了茹毛饮血的时代，熟食在人类的食谱中占据越来越重要的地位，用火熟食改变了人类的摄食方式和营养结构，延长寿命，使生命变得更有质量和保障。

周口店北京猿人遗址的发掘中，考古人员在洞穴的第4层发现了大量火烧过的动物骨骼、石头、炭屑灰烬以及红色的烧结土，这些现象分布集中，可以看出是古人类用火加工食物的遗存。但是，这个观点被提出来之后，立即遭到了西方学者的质疑。他们认为北京猿人还没有用火及保存火种的能力，被认为是古人类用火证据的烧骨、烧石是从洞外被流水冲过来的，洞内的灰烬、烧结土是自然火造成的……针对这种看法，我们只有通过科学的分析和严谨的证据去反驳，中国科学院的考古学者和地质学者们合作，基于岩石磁学、色度、矿物学、沉积学等方面的综合分析，对这些北京猿人洞穴中的遗迹是否为原地人类用火进行了深入探讨。

为了实验工作及结果能够得到更有力的保证，在考古发掘时使用了大量的高精密仪器，进行如三维激光扫描、全站仪测绘等工作，系统提取沉淀样品做分析测试与模拟实验观察。与此同时，对遗址地层进行连续的高精度、高分辨率技术采样。对特殊、珍贵的测试样品（如用火遗存、纯度高的碳酸盐晶体等）给予格外关注和处置，对出土遗物、遗迹进行全站仪三维定位与标记，特别是对人工生活面等重要遗迹现象进行三维扫描和翻模复制保存，并对剖面图、影像资料等进行记录（图二四）。

考古发掘详细地提取了实验研究样本之后，开始进入实验室内，进行进一步的分析。首先，他们对红色烧结土区域的土样进行了磁化率和色度分析。结果显示，疑似用火区H3和H2土样的低频磁化率及红度显著偏高，与周围沉积物存在较大的变化梯度，特别是南侧疑似用火区H3，低频磁化率最大可达周围沉积物的22倍；疑似用火区H1红度值较低，低频磁化率虽然低于另外两个疑似用火区，但仍高于其他区域。这表明，这一区域确实是被火烧过的区域，那这些火是人工火还是自然火呢？

图二四　观测记录遗物的分布情况

之后，研究人员进一步对磁化率随温度变化的曲线进行了分析。结果显示，疑似用火区很可能经历了700℃以上的高温加热，其他区域则未见明显的高温作用痕迹。700℃的高温是自然火活动难以达到的，因此疑似用火区的高磁化率很可能是由人类控制用火行为造成。除此之外，还对这一用火区域进行了频率磁化率、漫反射光谱等其他岩石磁学分析，以上分析表明，沉积物磁化率和红度的显著增强分别由高温加热过程中新生成的细颗粒磁铁矿和赤铁矿造成。这也完美解释了为什么这片古人类用火遗迹呈现出红色的特征。

最后，对于西方学者质疑的烧骨、烧石是从洞外被流水冲进来的论断，研究者从沉积学及矿物学两方面进行分析，并结合野外观察测量。结果显示，发掘平面范围内绝大部分区域的沉积物堆积混杂，显微镜下观察到的碎屑颗粒多为棱角、次棱角状，分选程度差。沉积物中可见保存完整的长条状及具空腔结构的骨头碎屑，以及具完好原始植物结构的炭化、未炭化的植物残体。疑似用火区内均未见代表水流成因的细层理。高磁化率、高红度的沉积物分布集中。这些分析结果无一不指向北京猿人洞内的堆积并未受到流水的冲积作用，洞内的烧骨、烧石就是古人类在洞内的用火行为的产物（图二五）。

图二五　出现龟裂纹和碎成小块的烧石

通过以上的种种证据，我们可以确定北京猿人在周口店龙骨山的洞穴内使用火加工食物，并且用火的位置十分集中，使得洞穴内的地表呈现出被烧红的现象，这项研究有力回击了西方学者的质疑。关于周口店北京猿人用火研究在实物证据和实验证据两方面证明了，早在直立人阶段，古人类就已经学会使用火了。这项研究也为我们在考古发掘中判断古人类用火遗迹，以及如何对这些用火遗迹进行更为科学有效的分析积累了宝贵的经验。

水洞沟遗址第1、2、12地点都发现有明显的古人类用火遗迹，尤其是第2地点，用火遗迹分布十分密集（图二六）。在外观上，用火遗迹一般呈圆形或

第四章　古人类的用火

图二六　第2地点用火遗迹

近似圆形的炭屑密集区，内部发现有大量的黑色炭屑、古人类的石制品以及动物骨骼等，很多动物骨骼经过火烧颜色变成灰黑色。关于水洞沟遗址存在古人类用火行为已经不是需要讨论的问题，考古学家们更想知道的是水洞沟遗址的古人类是如何使用这些火塘的。

围坐火塘，可以说是旧石器时代古人类最普遍的一种状态。当人们从事一项需要使用火塘的工作的时候，他们会按照一些普遍的空间使用规则来进行活动。例如，生活在博茨瓦纳的昆布须曼妇女在砸栗子的时候，会把砧石放在火塘边手臂够得着的地方，这样可以边烤边砸。澳大利亚中部沙漠的土著也是侧坐在火塘边，烤化松脂来固定木柄上的石器。考古学家曾对比利时北部的一个旧石器时代末期遗址的火塘以及分布在他周围的石制品进行了综合分析，不仅发现了古人类在遗址火塘周边进行的生产行为，还对火塘周围的人数进行了判断，甚至更令人惊讶的是他们通过石核、石片以及碎片的分布状态，结合石器加工者坐在火塘旁边的位置判断，制作石器的一个人还是个左撇子。关于这项研究的描述十分生动的给我们展现了旧石器时代古人类围坐火塘加工石器的场景：

第四章 古人类的用火

"很久很久以前，差不多距今9000年前，在比利时的坎平，一群狩猎采集者他们在一片沼泽地上方的古老沙丘的树林中建立了营地。一天，这个团体的一个成员，右撇子先生，在他的住所旁边生了一堆火，坐在旁边，开始制作一些石器工具。这些工具是他用随身携带的石片毛坯制成的。他还带来了一些燧石岩块，他再把这些岩块进行了预制，形成了很好打片的石核，并从这些石核上打下了很多石片，之后用这些石片加工成工具。慢慢地，工作开始变得枯燥乏味，他开始无聊地刮骨头和鹿角。当他工作时，小组的另一名成员，左撇子先生，在他旁边的火塘旁坐了下来。这位左撇子先生带来了一个预制好的石核，他用它打了几个漂亮的石片毛坯，然后将它们重新加工成工具。慢慢地，左撇子先生也开始觉得枯燥乏味，开始刮骨头，在工作了一段时间后，他拿着石核离开了。之后，右撇子先生也带着一些工具，一些石片毛坯和一个预制好的石核离开了。他走回了他的住所，也许是因为光线不足，也许是因为晚饭准备好了，家人在等他。在回到住所后，他把在火塘边刮的骨头进行了最后的修整和装饰，形成了一件装饰品。"

二
石料的热处理

对水洞沟遗址的火塘最直接的判断肯定是用火来加工食物，但火的用途仅仅如此吗？除了加工食物以外，是否有其他的工作需要用到火？在经过仔细辨认并结合实验、民族学以及世界其他各地旧石器考古遗址的发现，水洞沟遗址的研究者们发现了对石器原料进行热处理的典型证据。

1923年，桑志华和德日进组织的水洞沟遗址的第一次发掘就发现了"炉灶"遗迹，证明了水洞沟存在用火行为，此后的1980年在水洞沟遗址第1地点也发现了用火遗迹。进入21世纪以来的历次调查、发掘均发现了用火遗迹，且火塘类型多样、伴生遗物丰富，发现有红烧土、木炭、烧骨和烧石等。2003年开始的对水洞沟第2、8、12地点的连续正式发掘，陆续发现了更为丰富的用火遗迹，除此之外，第12地点文化堆积中大量的木炭、烧骨、烧石表明该地点曾经存在过长时间、大规模的用火行为。面对如此丰富的用火遗迹及相关遗存，我们可以推断，水洞沟古人类有足够的使用火、控制火的能力。

旧石器时代古人类在石器的制作过程中对石器

原料是有着特定要求的，并不是任何石头都可以用来打制石器。从原料本身的形状来看，打制石器所需的原料要满足硬度相对较高，可以满足切割、刮削、钻孔等工作，可以长时间使用不易损坏，一般在莫氏硬度6～7；石料的脆性要较强，可以很容易打下石片，便于加工石器；石料的内部要均质，不能有很多节理发育，否则在打制石器的过程中经常会出现断裂。因此，在打制石器之前对石料的选择是十分重要的。从目前发现的旧石器遗址中的石器来看，黑曜石、燧石、玉髓、硅质岩类、石英等是古人类制作石器最主要的原料，水洞沟遗址的石器原料就以硅质白云岩为主。但是，水洞沟遗址周边采集的原料在加工特别精致的石器过程中也有脆性较低的缺陷，为了克服这种缺陷，就需要在打制石器之前对石料进行热处理。

热处理指对石料进行加热、保温、冷却处理，从而改变石料的表面及内部结构。一般而言，经过加热后的石料，脆性有所增加。脆性在考古发掘的石器标本中很难进行判断，但是，经过加热的石料在质地、颜色、光泽度等方面也会产生相应的变化，这就为我们判断一件石器是否经过热处理提供了证据。

目前发现人类最早有目的地用火对石料进行热处理是距今16.4万～7.2万年的南非的Pinnacle Point

遗址，表明人类早在十几万年前就开始有目的地对石料进行热处理。欧亚大陆旧石器时代中期和晚期对石料进行热处理现象很多，如黎巴嫩的洞穴遗址、法国西南部、西班牙东部以及西伯利亚和蒙古地区等都发现有对石料热处理的行为。北美地区对石料热处理的传统也十分悠久，从古印第安期一直延续至历史时期存在大量考古学和民族学的证据。

在水洞沟遗址石料热处理现象发生之前，中国并未发现存在热处理石制品的旧石器遗址。研究者通过对宁夏水洞沟遗址出土石制品的观察、模拟实验、实验室检测和显微观察等一系列方法，证实了水洞沟存在距今2万多年的热处理石制品。

研究者首先对出土的石制品进行详细的观察，借鉴以往其他遗址研究的成果，依据热处理后可能出现的颜色、光泽度的改变，挑选出可能经过热处理的石器标本，以待进一步验证。之后，进行热处理的模拟实验，主要是在自然界采集和遗址石器一样的原料，对其进行加热处理，之后运用同样的石器技术手段对这些石料进行打制，从而获得经过热处理后的石器。最后，通过把这些经过热处理后的试验品和遗址中发现的石器进行对比，找出遗址中经过热处理的石器。

研究者通过室外和室内两种环境对石料进行加热后，首先获得了关于热处理岩石肉眼可观察到的特征，如经过热处理的岩石表面会带有油脂状的光泽、石料会产生一定程度的裂纹、颜色上出现变红的特点等。之后，通过扫描电子显微镜观察，进一步发现热处理对岩石晶体大小、形状、结构所造成的变化，特别是岩石受热的再结晶现象。经过上面的这一系列观察，研究者发现水洞沟遗址的主要石器原料经过热处理后，最显著的特征是颜色趋于变红，出现油脂状光泽，裂纹、破碎出现概率较低。经过热处理的石料在显微镜的观察下，晶体边缘出现熔合现象，使得石器原料内部晶体更加紧密，原料的均质性增强。

通过考古标本与实验标本的外部特征观察、比对，以及显微镜观察的进一步确认。水洞沟遗址第2、12地点存在热处理石制品110件。相较于距今2万多年的水洞沟遗址第2地点，距今1.1万多年的第12地点的热处理技术更为成熟。第12地点的古人类会选择更适于加工细石叶的玉髓原料，针对性对其进行热处理，热处理石制品中玉髓的比例与其他考古标本相比更高。这些热处理完的玉髓用来进一步加工刮削器，水洞沟遗址第12地点所有刮削器几乎都由热处理玉髓加工而成，经过热处理后的石片脆性增强，更容易加工刮削器并且使其刃缘更加锋利坚硬。由此可见，第12地点古人类已经熟练掌握了热处理技术和火塘控温技术，掌握不同原料间的

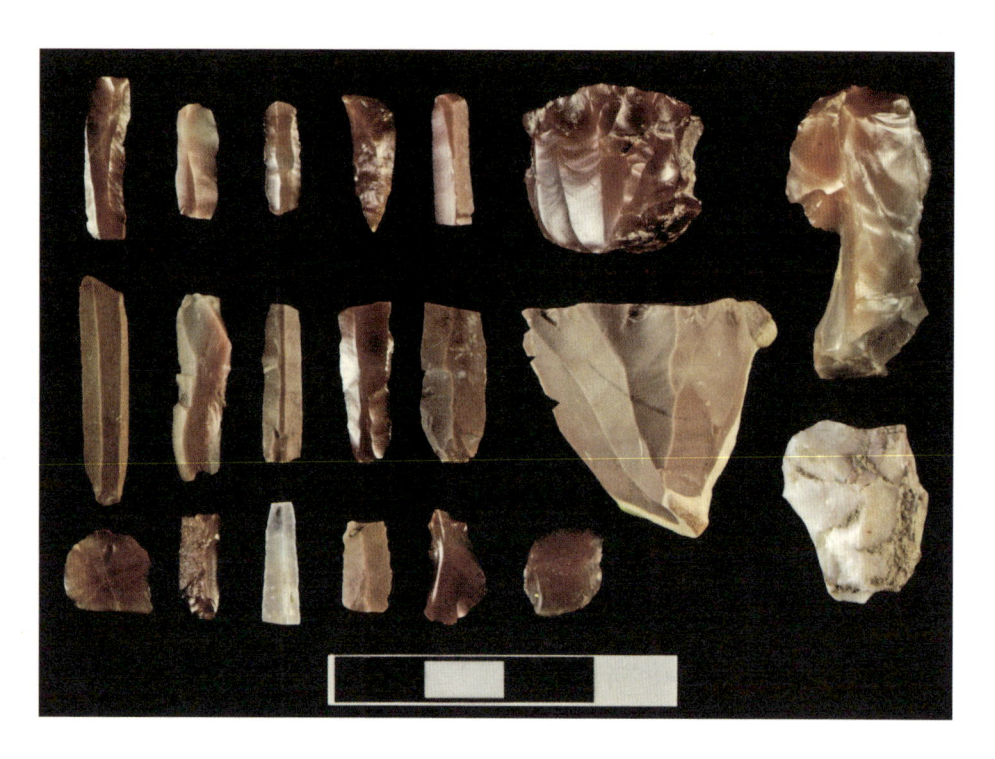

图二七　第12地点热处理石制品

打制性能的差别，并将之运用于石器制作、使用中，提高石料利用率及生产效率（图二七）。

三
"石烹法"

水洞沟第12地点保存的旧石器时代灰烬层分布范围之广、之厚，十分罕见，这代表古人类在遗址长时间、大范围的用火行为和对火的高度依赖性。

水洞沟遗址第12地点地层堆积物中包含大量石块，这些石块皆被烧灼过，也被叫作"烧石"。烧石的大量存在是该遗址文化遗存的一个鲜明特点，在其他旧石器时代遗址中是比较罕见的。在2007年发掘期间共发现、收集烧石13200多块，总重量307千克，在近12平方米的发掘探方堆积中密集分布，与其他文化遗存混杂共生，无一定分布规律。这些烧石形态各异，多呈多面体不规则形状，除烧裂和色变迹象，没有打、砸等人工加工改造的痕迹。总体来看烧石个体间的差异不很大，以小型者为主，应该是人工选择、利用的结果。

　　研究者通过统计分析，发现约98%的烧石是经烧烤后破裂的石块，表面多呈现裂纹和高温导致的灰白、灰褐颜色，与敲开后出露的岩石本色有明显区别。少量个体完整的烧石表面出现不规则龟裂纹。约40%的烧石保留原生石皮，说明他们系自然石块被直接用作烧石使用。裂解的石块破裂面多为不规则裂面，部分破裂面是岩石的节理面。少量标本表面在出土时黏附着微量烧灰。岩性统计表明，该地区常见的石料主要有灰岩、白云岩、石英砂岩、石英岩及少量变质岩和燧石小砾石，而烧石的材料几乎全是石英砂岩和白云岩，且以前者为多，基本不见该地区最普遍的灰岩和遗址中常用来制作石器的燧石、脉石英等原料。

上述特点说明这些烧石不是偶然出现在遗址地层中自然破碎的石块，而是人类有意识选择、搬运到遗址并经烧裂所致，并且这些石头不是作为制作石器的原料，偶尔被热火烧过，而是经人类长时间高温烧烤。从其个体大小、出现数量和破裂程度看，他们也不是考古遗址中和现代野外生活中常见的火塘或炉灶的圈石，而是有其特殊和专门的用途。

关于用烧热的石头来煮水熟食，民族学资料中有很多记载，多被称为"石烹法"。例如鄂伦春人将掺了水的食物放到桦皮桶或清理干净的大型动物的胃里，将炽热的石块投入其中煮沸；傣族人在煮牛肉时，在地上挖一个坑，将牛皮垫在坑里，盛水放肉，把烧红的石块丢在其中，加热至熟。类似的煮食法在北美印第安人部落中也常见，其中阿西尼本族名字的意思就是"石煮者"（stone boilers），他们宰牛后在地上挖一个坑，将牛皮铺在上面，将水、牛肉置于内，在旁边生火，将石头烧热投入其中，直到肉熟为止。

在水洞沟遗址2018~2022年的考古发掘中，考古队员们在发掘间隙进行了石烹法的模拟实验研究。考古队员们首先模拟古人类生火的场景，在底面挖了一个深约20厘米的圆坑，然后采集木头燃料，在圆坑中点燃，之后捡来大量自然界的石头扔到圆坑里，让这些石头不断被火加热。等到火苗逐渐熄灭，木头

呈红色木炭状的时候，石头也被加热到高的温度，这时将屠宰分解好的羊肉放在石头上。当然，这些羊肉也是考古队员们的美食佳肴，需要加好佐料用锡纸和采集来的荷叶包好再放到石头上，之后再用小一点的石头和沙土将整个圆坑覆盖。覆盖以后，考古队员们使用了热度检测仪，将检测针插到圆坑中实时监测温度的变化。从记录来看，这种火塘的加热最高温度可达600℃，并且在200℃以上可以持续很长时间。差不多一个小时，火塘中的羊肉就已经完全熟了，由于羊肉提前包裹好了，羊肉中的肉汁完全保留，用石烹法加工的羊肉鲜嫩无比（图二八）。

图二八　石烹法实验

众所周知，控制火、使用火是人类独有的能力。在漫长的人类演化历史中，人类对火的驾驭和利用能力是不断发展、不断加强的。北京周口店遗址的考古材料表明，至少在距今50万年前，中国大地的古人类就已经开始用火了。近3万年前的水洞沟遗址第2地点大量火塘遗迹表明当时人类对火高度依赖，对火的控制能力增强。而距今1.1万年前的水洞沟第12地点的烧石及其反映的水洞沟先民用火方式的复杂性，表明古人类对火的控制和利用能力发生了飞跃，由简单的直接用火转入复杂的间接用火。

水洞沟遗址第12地点的烧石，很有可能就是被古人烧热后用来加工食物或烧水使用的，水洞沟第12地点的烧石材料将这种"石烹法"在中国发现的历史提前到距今1万多年。掌握"石烹法"的证据对古人类用火的历史研究具有里程碑的意义，也从一个侧面反映了先民对资源环境的高度认知利用能力和因地制宜、机动灵活的生存方略。

第五章

旧石器时代的装饰品

爱美之心，人皆有之。一提到艺术，我们往往想到的就是音乐、绘画、雕塑、装饰品等。当今社会，这些东西已经成为我们日常生活中司空见惯的东西，哪个女生没有几件首饰，谁家还没有件摆设呢？人类对审美的需求是在食物之外的更高级的需要，对于审美的起源其实早到旧石器时代。从旧石器时代考古的发现来看，我们以往的认识是艺术是"现代人"的专属。尼安德特人不懂艺术，只知道加工石器和骨器，是一群只知道如何猎取食物的落后人种。但是，随着古DNA的研究和新的考古发现证据表明，尼安德特人也是人类艺术的开创者。

考古学家们从西班牙西北部的卡斯蒂略岩洞里发现了大量古人类在岩壁上留下的图案，包括手印、几何形的图案等，这些原始的绘画代表了人类绘画艺术的起源。一个国际考古团队在最新研究中确定，这些来自卡斯蒂略岩洞的图案是迄今为止为人所知的最早墙壁装饰，至少有4.08万年的历史。这使它一度成为欧洲发现的最早的岩洞艺术，研究者认为这些绘画可能来自最早迁徙到欧洲的"现代人"。其他的化石证据也表明，在4.15万年到4.42万年以前就有"现代人"居住在英格兰；大约4.2万年前的德国岩洞里，"现代人"就已经开始制作笛子。但最近在《科学》杂志的一个具有划时代意义的发现，让考古学家们对艺术起源的认识更近了一步。研究者对西班牙马特维索（Maltravieso）洞穴的手掌模印的年代分析，显示这处洞穴中的手掌印至少有66700年的历史，而这一时间远远早于"现代人"走出非洲、抵达欧洲的时间，那么马特维索岩洞里的手印肯定是尼安德特人的手印。一直以来，考古学者认为存在与欧洲洞穴的这些绘画应该是最早迁徙到欧洲的"现代人"所留下来的，但是，最新的测年证据表明，创作这些绘画的人群极有可能是尼安德特人。

除了这些洞穴壁画，在雕刻艺术上尼安德特人也给考古学家们带来了不小的震动。在德国哈兹山独角兽洞穴遗址的发掘中，考古学者首次从洞穴的废墟入口区发现了保存完好的尼安德特人时期的文化艺术品地层。在一块动物骨头上，他们发现了一个由六个缺口组成的角状图案。经过分析，这些图案不是在屠宰动物时留下的，而是被设计成装饰用。通过放射性碳测年技术，考古学者发现这块动物骨头已经距今51000年甚至更久远。这是年代最早的尼安德特人雕刻品发现，也是欧洲中部尼安德特人时期的最重要发现之一。

旧石器时代晚期欧亚大陆最重要的装饰品类型之一是圆雕的女性裸体像，即所谓旧石器时代的丰产女神像。从东至贝加尔湖附近，西至西班牙的比利牛斯山脉之间的广大区域内，从奥瑞纳文化到比它晚一阶段的梭鲁特文化时期，丰产女神雕像有着大量且广泛的分布。这些雕像多为猛犸象的象牙制品，也有用其他兽骨制作或石头雕刻而成的。大多数表现为全裸的女性，体态十分丰满甚至达到肥胖的程度，也有将围裙一类物品由臀部向足后垂吊，以表示局部遮覆的女神像。这种造型的作品无疑是特殊的，其形体多强调女性的特征，很多学者认为，这种女神雕刻体现了旧石器时代晚期古人类对女性的生殖崇拜，代表了人类原始信仰的最早阶段。

除了绘画和雕塑外，大量装饰身体的装饰品也是旧石器时代晚期艺术产生的代表。

从历史学和民族学的证据来看，装饰品可能具有多样的功能和社会意义。装饰品可以用来装饰身体，传递美感，吸引异性，或是作为礼物、交换媒介向他人示好、与其他群体进行贸易往来等；也可以作为通信交流的媒介，传递有关佩戴者个人身份认同方面的信息，通过不同形式的装饰体现佩戴者的年龄、族群归属、婚姻状况、社会地位、财富水平等。更重要的是，装饰品作为区分不同民族和社会的标记，其携带的信息可以传达给与佩戴者有文化联系或相似文化背景的"陌生人"，以获取广泛的族属或社会认同感。装饰品也经常用在仪式中对不同身份的表现，还作为随葬品存在于墓葬之中。此外，有些群体常将装饰品作为护身符和药品使用，有驱邪和祛病的象征含义。

在中国的旧石器时代晚期考古遗址中也发现了大量的装饰品。这些装饰品多为兽牙、兽骨和鸵鸟蛋壳制作而成，绝大多数装饰品都经过了钻孔和打磨，使其可以穿成一串佩戴在身体不同部位。目前，中国发现年代最早的装饰品是在北京周口店山顶洞人遗址中，时间大约在距今3.5万年，包括穿孔的动物犬齿、门齿、骨管和串珠等；其次便是水洞沟遗址第2地点，时间为距今3万~2.7万年，大量鸵鸟蛋皮串珠、穿孔贝壳（图二九）在遗址中被发现。在距今2万年以后，装饰品有着更加广泛的发现，在辽宁海城小孤山遗址出土有穿孔兽牙和蚌壳，河北泥河湾盆地虎头梁遗址出土有穿孔贝壳、鸵鸟蛋壳、鸟的管状骨制成的扁珠，以及穿孔石珠等。

考古学者们对水洞沟遗址第2地点发现的鸵鸟蛋壳进行了详细的观察和模拟实验研究。在国内外的一些民族学材料和研究的基础上，研究者基本确定了鸵鸟蛋壳串珠的制作步骤，包括修形、钻孔、磨光等不同工序；之后选择鸵鸟蛋壳作为实验样本，

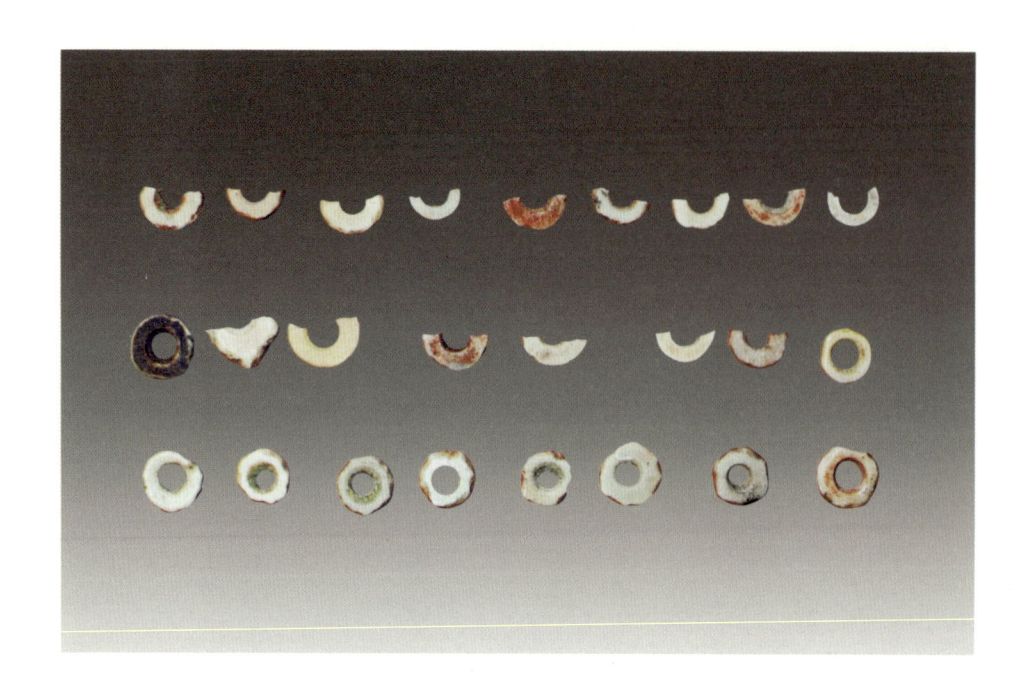

图二九　第2地点出土装饰品

按照不同工序制作和水洞沟遗址第2地点一样的装饰品，并在制作过程中详细记录每道工序的特点和所需要注意的事项（图三〇）。

通过对实验分析并结合遗址中发现鸵鸟蛋壳的观察，研究者发现，水洞沟遗址第2地点的鸵鸟蛋皮串珠多为由内向外进行钻孔，也有内外对向钻孔的鸵鸟蛋皮发现，几乎见不到由外向内钻孔的。古人类选择串珠的钻孔方向与鸵鸟蛋壳的显微结构有着密切关系。鸵鸟蛋壳的结构令蛋壳的外表面特别致密，具有很高的坚固性。此外，蛋壳外表面较为光滑，难以找到钻孔所需的着力点，容易发生破碎。所以，从内向外穿孔更加容易且成功率较高，当由内向外钻到外表面时，尖锐的钻孔工具会使得蛋壳的外表面出现一个小孔，这时，就需要将蛋壳翻转过来，在外表面的小孔用钻头锋利的边缘扩大孔径，

第五章 旧石器时代的装饰品

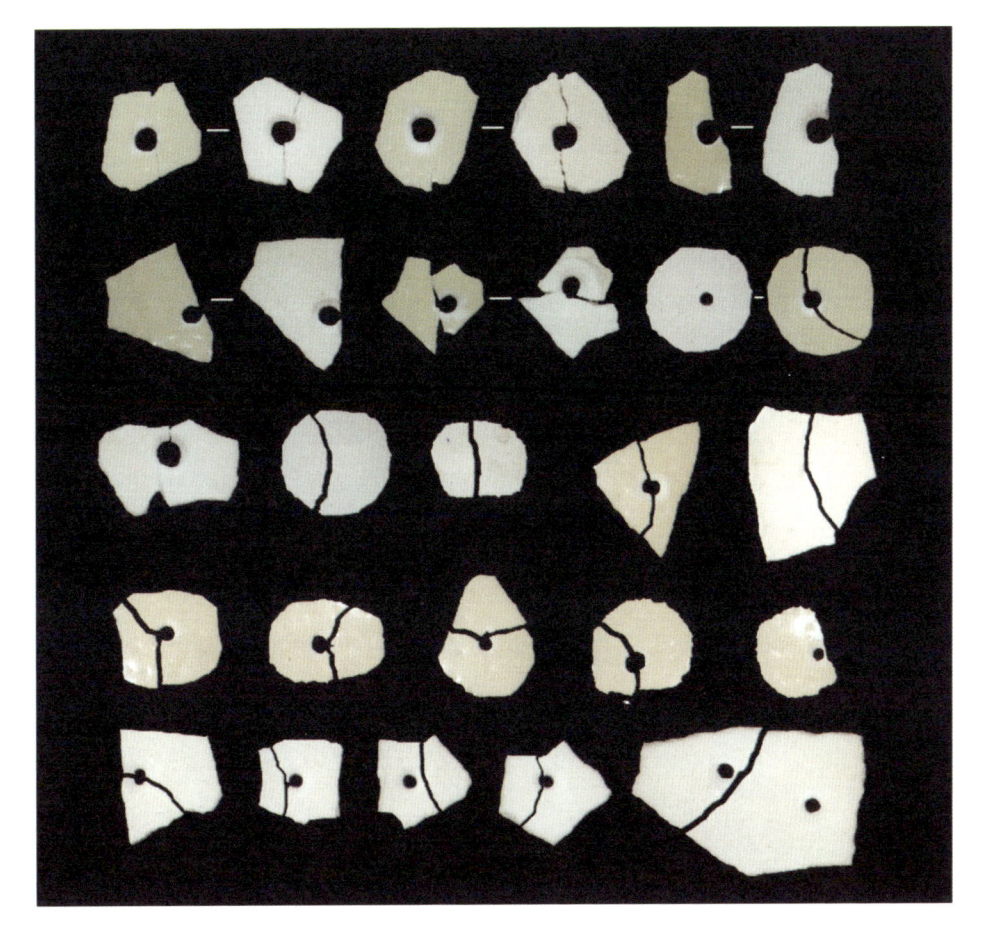

最终达到合适的程度。在钻孔完成之后,要对鸵鸟蛋壳整体进行磨光和修形,这也是需要非常小心的工作,鸵鸟蛋壳脆而薄,虽然比其他禽类的蛋更厚,但还是容易在磨光修形工序中坏掉。国外的一些遗址发现的鸵鸟蛋壳装饰品,也有先磨光后钻孔的,其实无论是哪种工序都非常考验古人类的技术。整体而言,还是先钻孔后磨光这种方法所占的比例更大,可能对于古人类而言,钻孔还是相对更难的。

对于旧石器时代的古人类而言,鸵鸟蛋的第一用途可能不是用来加工装饰品,而是拿来食用的。

图三〇 鸵鸟蛋皮串珠制作模拟实验两种生产路线中不同生产阶段过程产生的事故产品

如何判断古人类是否是先吃了鸵鸟蛋以后继续用蛋壳做装饰品，这一直以来都是考古学家们想要知道的问题。这时候生物学者们给考古学者们提供了一个很有意思的方法。

鸵鸟蛋在野外中如果孵化出鸵鸟了，那么在鸵鸟不断成长的过程中，蛋壳内壁会因为生长产生特殊的压痕，鸵鸟破壳而出这些压痕就会留在蛋壳内壁。古人类可以采集这些孵化完鸵鸟的散落蛋壳，当然也可以在鸵鸟还没有孵化出来的时候去抢甚至从鸵鸟窝里偷来这些蛋，既可以吃又能够制作装饰品。生物学家的这种方法就促使考古学家们观察水洞沟遗址第2地点发现的鸵鸟蛋壳内壁，结果发现没有一件鸵鸟蛋壳的内壁有生长痕迹。这就可以确定，水洞沟遗址第2地点的古人类确实存在偷抢鸵鸟蛋的行为。

旧石器时代古人类一般会选择兽牙及兽骨、鱼骨、各种贝壳、鸵鸟蛋皮及石头等原料，通过修整、磨制、钻孔、刻划等工序制作各种类型装饰品。在民族学材料里，这些个人装饰品被认为是原始艺术及抽象思维变化最生动、最具体的代表。装饰品的出现标志着人类的进化又进入了一个新的阶段，审美、认知甚至群体认同观念等开始出现，作为人区别于动物的社会特征开始逐渐形成，人们开始在内心产生对美的感受，以及对自己和与自己一同生活的其他人的认可。

第六章
旧石器时代的环境

一

冰河时代

　　地球已经经历了大约45亿年的历史，地质学依据地质事件以及地球、地壳的演化，把整个地球历史划分为不同的时期。第四纪是距今约300万年以来的地质演化时期，即我们现在生活的时代，也被叫作"冰河时代"。

　　进入第四纪，全球气温明显下降，出现了大规模的冰川活动，冰川的进退成了地球环境冷暖变化的重要标志，在第四纪中寒冷的阶段我们称其为"冰期"，冰期之间相对温暖的阶段我们称其为"间冰期"。整个人类的历史直到今天仍然处在第四纪，我们依旧生活在"冰期"与"间冰期"不断交替的过程中，只不过交替的周期太长了，长到我们任何一个人都感受不到这种剧烈变化。地层、河流、雪线，冰盖、海平面这些因素的变化都是地球环境的见证者，也一笔笔地记录着地球环境演变的历史。第四纪环境学的研究者们都在不停探索过去地球环境的变化规律，以此预测未来地球环境的演变，通过探索古代的地层、河流、冰川、海平面等，发现它们留下来的环境记录，我们就能了解古人类生活的环境，从而反思我们的现在。

旧石器时代的人类生活在距今几万年甚至几百万年前，他们在整个第四纪的环境演变中扮演着什么样的角色，又是如何应对环境的冷暖变化的，这是旧石器考古重要的研究内容之一。

"冰期"是第四纪环境最基本的一个概念，指的是环境相对寒冷的时期，与之相对的是"间冰期"，气候相对温暖。在整个第四纪"冰期"与"间冰期"是相互交替出现的。阿尔卑斯山区的冰川研究建立了第四纪冰期的历史，从早到晚分别为恭兹冰期→民德冰期→里斯冰期→玉木冰期，分别代表了四个冷期，它们之间的阶段就是间冰期，叫作恭兹-民德"间冰期"、民德-里斯"间冰期"、里斯-玉木"间冰期"，代表了三个暖期。这种方案也被后人称为"阿尔卑斯方案"，是第四纪环境研究中的经典，当然，随着研究的深入，后继者们又提出了比恭兹冰期更早的多瑙冰期和拜博尔冰期。所以现在来看，整个第四纪历史上主要有6次大的冷期，5次相对温

第六章 旧石器时代的环境

暖的时期。

温暖的间冰期阶段，气候相对温暖湿润，高山雪线上升，永久积雪融化，南北极冰川融化，流入了海洋之中，水也导致海平面的上升。温暖的气候和充足的水源给动植物繁衍生息提供了良好的条件，丰富的动植物资源也为人类的繁衍生息提供了条件。与之相对的是寒冷的冰期阶段，这一时期气温下降，热带和亚热带范围缩小，极地冰川大量发育，高山雪线下降，由于冰川发育，南北极大量的水资源冰冻了起来，从而导致海平面下降。整个第四纪最为寒冷的时期被称为"末次冰期"，为距今7.5万～1.2万年，而末次冰期中最为严寒的阶段被称为"末次冰期盛冰期"，是整个第四纪以来地球环境最为寒冷严酷的时候。

古人类在第四纪环境的不断变化中，不断调整生存策略，或改进石器工具，或迁徙流动，一切都为了更好地狩猎采集食物。在末次冰期冰盛期阶段，气候最为寒冷严酷，海平面下降幅度最大，很多现在是海域的大陆架都出露于地表。例如我们所熟知的白令海峡，在当时就是一片露在地表的大陆架，使得亚洲大陆和美洲大陆陆路相连，而旧石器时代的狩猎采集者们通过这条道路，从亚洲迁徙到了美洲，形成了美洲的原著居民印第安人。生活在冰期寒冷的人群，往往在生存策略上需要下大功夫调整，而生活在相对温暖时期的旧石器时代的古人，在生存策略上往往不需要特别复杂和充满压力。

这一点上非洲现存的原始部落给我们提供了一个很有意思的案例。非洲的布须曼人，他们主要生活在非洲西南部的卡拉哈里沙漠边缘。人类学家多年研究卡拉哈里沙漠的布须曼人，这群用弓箭"欢迎"葡萄牙航海家迪亚士的人一直维持他们的狩猎采集生活，距今已有15万年。布须曼人部落中，男人负责外出狩猎，他们常常两人一组，每星期外出二至三次，所捕获的动物在亲戚和朋友之间分享。女人们则负责采集，她们通常以四至五家为一组外出采集一切可食用植物的根、茎和果实。一直以来，我们认为他们的生活好像很艰难，但是，随着对这些群体越来越深入的了解，我们发现其实他们的生活简直太悠闲了——

一项针对生活在卡拉哈里沙漠的布须曼人群的研究发现，这些狩猎采集群体始终保持着很小的人口规模，很低的食物生产总量和很高的人均食物生产量。实际上群体中的个体每天工作时间很短也可以获得充足的食物，平均每个成年人每天工作2～4个小时就可以获得一天所需的食物。

苏联的人类学家恰亚诺夫在对狩猎采集群体的调查后提出了著名的恰亚诺夫曲线和低生产率下的

家户生产模式。其中一段对这个人群女性采集者们的描述十分令人羡慕：

"早上，一群女性挎着草编的篮子，打算去对面的山坡上采集一些坚果，她们有说有笑就像郊游一样，走路也慢吞吞地，到了上午的时候，太阳升了起来，她们在附近的灌木丛中发现了一些浆果，于是采集了一些，中午太阳太晒了，她们就坐在树荫下吃饭、休息、聊天，一直聊到了太阳西斜，才起来去采集了坚果、然后又慢吞吞地回家了……"

这就是狩猎采集者一天的工作。

曾有人类学家问生活在非洲雨林地区的昆布须曼人，你们为什么不种地，昆人回答："树上有那么多mango mango（栗子），吃都吃不完，我们为什么要种地？"

当然，不是所有旧石器时代的人类都能像热带非洲的居民一样，有着温暖的气候和充足的食物来源。特别是地球进入冰期以后，气候寒冷干旱，处在中高纬度的古人类需要不断地适应环境变化，不断改变生存策略，如迁徙、技术革命等，从而缓解生存压力。旧石器遗址的古环境研究，正是探索人地关系和人群适应行为改变的基础，而考古学家们则通过各种各样的手段，去寻找旧石器时代古环境的证据。

二
地层堆积信息

寒冷的冰期阶段冰川、雪线、海平面等的变化是第四纪环境演变的重要指标，同时也是探索第四纪环境演变的重要线索。但是这些指标的变化虽然能够反映地球环境的冷暖交替，却很难给出具体的变化规律和更为准确的数值信息。旧石器考古学需要了解当时古人类的生活背景，而旧石器考古遗址中就蕴含着当时古环境的大量线索。

旧石器遗址中除了我们挖掘出的石器、动物骨骼化石、人类用火遗迹等一系列我们所熟知的人类制造的遗迹、遗物，还有一个重要的部分能为我们解开当时古人生活的环境之谜——地层。

旧石器遗址中不同埋藏深度的地层，蕴含着不同时期古环境的数据。从宏观上观察，不同的土质、土色和堆积特点反映了不同的地层形成原因。中国北方最为常见的黄土地层是典型的风力堆积物，黄土以颗粒极为细小的粉砂为主，颜色十分统一，呈

图三一　夏正楷先生讲解水洞沟遗址环境变化

土黄色，垂直性的节理发育十分明显，黄土的形成与冬季风的搬运密切相关。因此在黄土堆积的时期就是冬季风盛行的时期，是典型的干旱环境，体现了气候冷、降水少的特征。然而，不同时期黄土堆积中间往往还夹杂有颜色呈灰色、红褐色的土层，这种地层也被称为古土壤层。古土壤层的出现标志着这一时期冬季风对黄土搬运的停止，代表了这一时期处在温暖湿润气候的影响下。根据黄土地层与古土壤地层的相互叠压关系，可以建立起标准的环境演变序列"黄土-古土壤"序列，其实就是气候冷暖交替的完美记录（图三一）。

除了黄土和古土壤这种地层堆积之外，旧石器考古遗址中最为常见的一种地层堆积，被我们称为河湖相堆积。可以想象一下，古人类生活过程中，水永远是重要的生活资源之一，河流和湖泊的岸边取水方便，并且动物也要到河湖边饮水，古人类可以伺机狩猎动物，因此，这种区域是古人理想的建立营地的地方。从我们发现的旧石器遗址来看，绝大多数旧石器遗址都是位于河湖岸边（图三二）。

那么我们是如何判断一个遗址是否在河湖边上呢？毕竟经历了几万年，沧海桑田，古时候的河湖到现在可能已经成为一座山包。虽然实际考古发掘中，很多旧石器遗址的地貌经历了几万年有了极大的改变，但是遗址埋藏的地层给了我们关于过去环境的回答。和黄土堆积是风力作用形成的堆积不同，河湖相堆积是流水作用形成的堆积。古人类生活在河湖边，避免不了受到河水涨落的影响，当古人类离开了长时间生活的营地之后，河水在不停地涨落，每次水涨的时候，河水冲上营地，带着岸边的土将营地覆盖了一层。随着时间的累积，一层一层的土随着河水的涨落慢慢地堆积了起来，将整个营地覆盖，形成了一个旧石器遗址。从这里我们也可以看出，河湖相堆积与黄土堆积在成因上有着很大的不同，黄土堆积是冬季风吹来的粉砂，慢慢地堆积起来，这种堆积基本看不到分层的现象，河湖相堆积则是一次次流水携带的堆积，一层一层堆积起来，

图三二　黄土与古土壤序列

这种堆积水平层理十分明显，就像千层饼一样。在考古调查和发掘中，我们都可以通过观察判断出这个遗址是埋藏在黄土堆积中、古土壤堆积中还是河湖相堆积中，当然，不同的堆积背后反映的是环境的变化。

水洞沟遗址第2地点就埋藏在一个典型的湖相堆积中，距今3万年左右，现在流经水洞沟的边沟河在那时是一个古湖，第2地点的古人类就生活在这个古湖的旁边，这一时期水洞沟的环境相对温暖湿润，是适合旧石器时代的人群生存的地区。第2地点的人群离开之后，湖水逐渐涨落将当时人们留下的火塘、石器、动物骨骼埋藏了起来。后来，随着环境逐渐干旱少雨、湖逐渐退化成了河，冬季风带来的黄土开始慢慢堆积，已经埋藏了第2地点的湖相堆积上部，开始慢慢堆积起了黄土，直到变成现在我们在水洞沟见到的样子（图三三）。

图三三　中美学者讨论地层堆积及沉积环境

第六章　旧石器时代的环境

三
植物孢粉信息

植物孢粉,也就是植物的孢子与花粉,是植物繁殖的生殖细胞,包含了每种植物的DNA信息。植物学家在对大量孢粉的观察研究中发现,不同植物的孢粉具有不同形态,根据孢粉的几何形状、萌发器官及表面纹饰特征,就可以把植物的种类与孢粉形态对应起来,并进一步确认它是哪种植物产生的。

孢粉的直径很小,一般介于10~100微米,多数为30微米左右,肉眼不可见,需要在显微镜下才能对其进行鉴定。我们现在很多人在春天经常会出现花粉过敏,其实就是植物孢子花粉通过呼吸进入到了呼吸道、消化道引起过敏反应所导致。所以,很多人佩戴过滤性强的口罩用来抵御花粉,但不同植物的花粉直径相差很大,需要先确定好过敏源,即具体是对哪种植物的花粉过敏,然后再了解这种花粉的直径,选择过滤效果合适的口罩。花粉虽然会给我们带来难受的过敏反应,但它在复原古代环境上的作用还是很大的。

孢子花粉的壁分为两层,内壁由纤维素组成,质软易破坏；外壁质密而硬，可保存为化石。孢粉的外壁具有耐酸碱、耐高温、耐高压、抗氧化的性质，因此孢粉在几百万年前的地层沉积物中依然能保存完整的外壁形态结构。孢粉的这个特性为人们研究地质历史时期的古植被、古气候、古地理及古环境提供了极好的素材。通过对地层中的孢粉信息以及相对应的现代植物生态习性开展研究，就可以把植物和植被类型与其特殊的生长气候条件和地理环境关联起来，恢复古植被面貌，推测古气候演变，探讨古环境变迁，从而了解古人类的生活环境。我们知道气候的冷暖变化直接影响着某一地区植被的变化。随着冰期到来，在一些适合喜湿热植物生长的地区，受寒冷干旱气候影响，喜湿热植物逐渐衰退和灭绝，取而代之的是一些耐寒耐旱的植物类型。而这些变化信息都会被孢粉记录下来。

水洞沟遗址第2地点的古环境研究就采用了植物孢粉研究方法。研究者在水洞沟第2地点1号探方剖面中部和下部从上至下提取了47个连续的土样，中国科学院水文所第四纪研究室对这些土样进行了孢粉的提取和鉴定工作。每个土样的长度为5厘米，采用间隔取样的方法。实验结果显示水洞沟遗址第2地点1号探方地层中的孢粉含量极低，每个样品统计出来的孢粉也较少，最多统计出35粒，最少的仅统计出6粒，平均每个样品统计出14粒，共统计出

658粒植物孢粉。由于统计出来的孢粉数目较少，不具有很好的统计意义。研究者又在与1号探方紧邻的2号探方剖面做了孢粉分析，在该剖面中上部至下部提取了27个孢粉样品送往吉林大学古生物学与地层学研究中心孢粉实验室进行提取和统计工作。每个样品统计孢粉不少于100粒，27个样品共统计孢粉3800粒。

对水洞沟遗址第1、7、12地点的剖面同样进行了植物孢粉的提取和实验室鉴定工作。结合各个地点和地层的年代，研究者对距今4万～1.1万年水洞沟遗址的古环境变化进行了总结。以上几个地点剖面的孢粉统计结果都显示，这一地区在距今4万～1.1万年的阶段，气候特征总体上是比较干冷的干草原或荒漠草原的环境，以藜科、霸王属、蒿属、麻黄属为组合特征。几个剖面的中上部木本植物花粉增多，代表气候较冷的冷杉、云杉等针叶林开始出现。间断出现水生植物和一些适合在盐碱地生活的植物花粉，说明这几个点附近分布有湖沼或水塘，并且水质并非淡水，可能是半咸水，这和该地区较少降雨量和高蒸发量是一致的。剖面中部还断续出现少量的反映较温湿的榆属、桦属、栎属、柳属等落叶阔叶类木本花粉，代表此处拥有水热条件比较好的环境。

总体上水洞沟遗址区是以干草原为主的环境，

在水洞沟遗址堆积的晚期，附近还生长着成片的冷杉、云杉等针叶林，远处还分布着榆属、桦属、栎属、柳属等落叶阔叶林。植被类型较为丰富，适合野生动物特别是草原生活的小型动物生存。湖沼的存在为动物提供了较好的饮水源。

虽然植物孢粉是地层中最为直观地反映环境信息的标志，但植物孢粉的另一个特性也影响到它对古环境判断的准确性。植物孢粉太小太轻，并且十分坚固，在受到风力作用的影响下，可以随风飘几百千米。因此，某一旧石器遗址地层中的植物孢粉有可能是其他地区吹过来的，而不是当时这一地区生长的植物。在水洞沟遗址植物孢粉的分析中，研究者就考虑到水洞沟遗址第2地点的木本植物花粉占有一定比例，说明一定范围内有林木生长。但在遗址北方不远处是银川盆地，黄河在盆地的南缘由西南向东北穿过，黄河南岸生长着榆树林、桦树等落叶阔叶类乔木。较远处的盆地北缘即是贺兰山山脉，山上生长着大片的松类森林，部分木本花粉也可能是从这些地方飘来的。

所以，植物孢粉的证据并不能作为古环境复原的铁证单独使用，仍需要结合其他古环境的证据综合分析。如果说地层堆积、植物孢粉等属于古环境信息的宏观标志，可以通过肉眼或显微镜直接进行观察判断，那么土壤磁化率、氧同位素分析等就属于古环境信息的微观标志了，需要进行数据测量和计算。

四
土壤磁化率的信息

磁化率是反映岩石或矿物磁化难易和磁性强弱的一个指标。我们也可以把土壤当成是一种岩类，不同的土壤，尤其是不同环境下形成的或者不同年代的土壤，其磁化率不同。磁化率的测定主要是通过测量土壤中铁磁性矿物含量的高低，而土壤中铁磁性矿物的含量和当时土壤受到生物风化作用影响强弱所决定的。磁化率值越大，反映了土壤受生物风化的作用越强，代表当时环境更为温暖湿润，反之，磁化率越小反映了当时环境更为寒冷干燥。目前，在旧石器考古学中土壤磁化率的测量，已经成为古环境研究的重要微观指标之一。在考古发掘过程中，都会在剖面采集土壤磁化率测量的土样，由于考古遗址对剖面进行规整的修理，使其达到平直且地层明显出露的程度，这就给土壤磁化率土样的提取提供了非常好的条件。一个遗址发掘完毕，剖面地层全部划分清楚之后，从地表在剖面上自上而下，每隔5厘米间距，抠取一块长10厘米、宽5厘米、深10厘米的土样，登记好取样点、取样编号、所属地层。从地表直到剖面最底部，全部取完，之后进行磁化率的实验室分析，最终获得一条遗址从早到晚土壤磁化率变化曲线。这条曲线就反映了这个遗址古环境随时间变化的演变。

在水洞沟遗址古环境的研究中，土壤磁化率的应用是十分广泛的。通过便携式磁化率仪对水洞沟遗址第2地点探方剖面作了磁化率测量，同时在第1、7地点剖面进行了采样，用于室内磁化率分析。室内磁化率的测试是在北京大学自然地理磁化率实验室完成的。测试结果表明三个地点磁化率的变化幅度比较相似。

水洞沟遗址第2地点共测了94个磁化率样品，总的来说可以分为两段，下部地层以浅湖或沼泽相为主，沉积环境以还原环境为主，二价铁的含量较高，磁化率相应表现为低值；而上部湖水位变浅，氧化作用加强，三价铁的含量增加，地层磁性矿物增多，磁化率相应增高，磁化率值能较好地反映沉积环境的特征和地层的变化情况。经过人类活动的土壤，磁化率变化更为明显。在文化层发现了较多的炭屑和用火痕迹，这些活动使地层磁化率增高。磁化率的变化印证了文化层的存在，同时也反映了人类活动对地层磁化率的影响。

由于人类的活动，特别是人类的用火行为会导致土壤磁化率发生很大的变化，所以，有考古学者发展出了利用磁化率勘测地下遗迹的方法。古代遗迹、遗物同周围土壤存在着磁性差异，可用磁性测量仪器进行探测，对获得的信息进行计算机处理分析和人工解读，便可以对地下的遗迹、遗物提供一定的判断。土壤磁化率常被用于确定古遗迹的范围。通过磁化率确定遗迹范围，可避免因不能确定遗迹范围而需要层层刮掉土壤，甚至破坏遗迹。另外，由于某些特殊的活动会导致磁化率出现极端的变化，例如，经过火烧的土壤，磁化率数值非常高。曾有考古学家利用这一特性准确地识别出了一灾难遗址的着火位置。

五
深海有孔虫记录古气候

有孔虫是海洋食物链中重要的一环，以硅藻、菌类以及甲壳类幼虫等为食，同时也是其他海洋生物的食物来源。有孔虫的个体非常小（0.1～1毫米），少数可达10毫米，如圆盘虫和圆笠虫类。有孔虫的分布极其广泛，全球海域均有发现，少数还可在淡水中存活。有孔虫从古至今的延续性和多样性决定了它能够作为确定海相地层时代的基准，因而进入了地层学家的视线。某一种类的有孔虫从起源到消亡的时间，相对于漫长的地质时间而言是瞬时的，因此有孔虫的种属分类能够作为年代地层划分的精确指针。

1947年，古环境学家尤里提出了利用同位素方法可以测定古代温度的变化，主要依靠氧元素的同位素 ^{18}O 来进行。当水的状况特别是蒸发量改变时，^{18}O 就会发生变化，蒸发量越大 ^{18}O 被释放出的量就越大，反之，蒸发量小 ^{18}O 的含量就高。巧合的是，在海洋中，^{18}O 主要保存在碳酸钙中，而有孔虫的介壳就是由碳酸钙组成。再结合有孔虫分布十分广泛，并且从很早时期的地质时代就一直存在（有孔虫死亡后，它的介壳都保存在海洋地层中，介壳中的 ^{18}O 同位素也被保留了下来，不再进行释放），所以有孔虫的介壳就成了测量不同历史时期 ^{18}O 同位素含量的重要资料。冰期气候寒冷的时候，大陆冰川扩张，海平面下降，大量海水转化为陆地冰川，海水蒸发量减小，有孔虫介壳中的 ^{18}O 含量增高。反之，间冰期时，温度升高，冰川融水大量进入海洋，海水蒸发量大，深海有孔虫介壳中的 ^{18}O 含量减少。

除了深海地层中含有有孔虫，在南北极的极地冰盖下面也埋藏有大量有孔虫。古环境学家们在南北极的冰盖上进行钻孔，钻取埋藏在深处的冰芯，通过提取冰芯中的氧同位素测定古温度，这种方法也是目前利用氧同位素测温方法的一种。通过这种方法复原的古环境记录，我们也称其为冰芯记录。

目前，利用世界各个海域有孔虫氧同位素的研究，科学家们已经建立了距今500多万年以来地球气温的变化曲线，这已经远远早于了人类出现的最早时期。旧石器考古学中古环境的研究，不是某一个数据能独立完成的，需要多种古环境手段进行综合分析，才能得出具体某个旧石器遗址的古环境变化信息。上面提到的几个古环境的研究方法，都是目前应用十分广泛的宏观的地层记录、孢粉记录，微观的土壤磁化率记录、有孔虫记录以及冰芯记录等。综合各种手段，对不同的记录进行对比分析，最终得出旧石器遗址古环境演变的基本信息。考古学家们在对水洞沟遗址的古环境复原研究中，就利用了上述多种手段，最终形成了对水洞沟遗址古环境的基本认识。

六
水洞沟遗址的古环境

在距今4万年以前，水洞沟北部发生了断层活动，断层南侧下错，北侧隆起，水洞沟盆地开始形成。水洞沟盆地封闭积水，而此时正处于末次间冰期，雨水相对丰富，形成了近南北走向的条带状浅水湖泊。古湖的存在为古人类在此生存和繁衍提供了较好的地貌环境。盆地内分布着大大小小的沼泽洼地。随着盆地地形的发展，水洞沟积水加深，形成了浅湖，湖边的水热条件相对适宜，湖边或湖边洼地旁生长着榆、柳、栎等乔木，不远处还生长着云杉、冷杉、松等喜冷树林。湖的外侧是广袤的荒漠草原，这里有野驴、羚羊、野牛、犀牛、野马、鬣狗、鸵鸟等野生动物，水洞沟地区的动植物资源比较丰富。

在这种环境下，水洞沟遗址第1地点的人群选择了湖边作为生活栖息之所，在水洞沟附近的冲沟里有丰富的石料供水洞沟人挑选，如大量的硅质白云岩、硅质灰岩、石英砂岩、石英岩、燧石等石料，水洞沟人利用这些石料制作各种石器。水洞沟地区充足的石料来源，是古人类石器制造重要的原材料保证。

在4万年前，水洞沟遗址分布区为浅湖和沼泽的环境，水位比较高，并不适合人类在此活动。距今4万年，湖水位下降，水洞沟遗址分布区由浅湖变成了湖滨环境，处于冲积扇的前缘，湖水季节性的涨落使得人和陆生动物都有机会到这里活动。在低湖水位期，该地区形成缓坡湖滩，冲积扇得以向湖心方向推进。人类可以选择在这里活动。在湖水上涨时，此处被湖水淹没，人类退到高处，如此反复，在这里形成多个含有人类集中活动的文化层（图三四）。

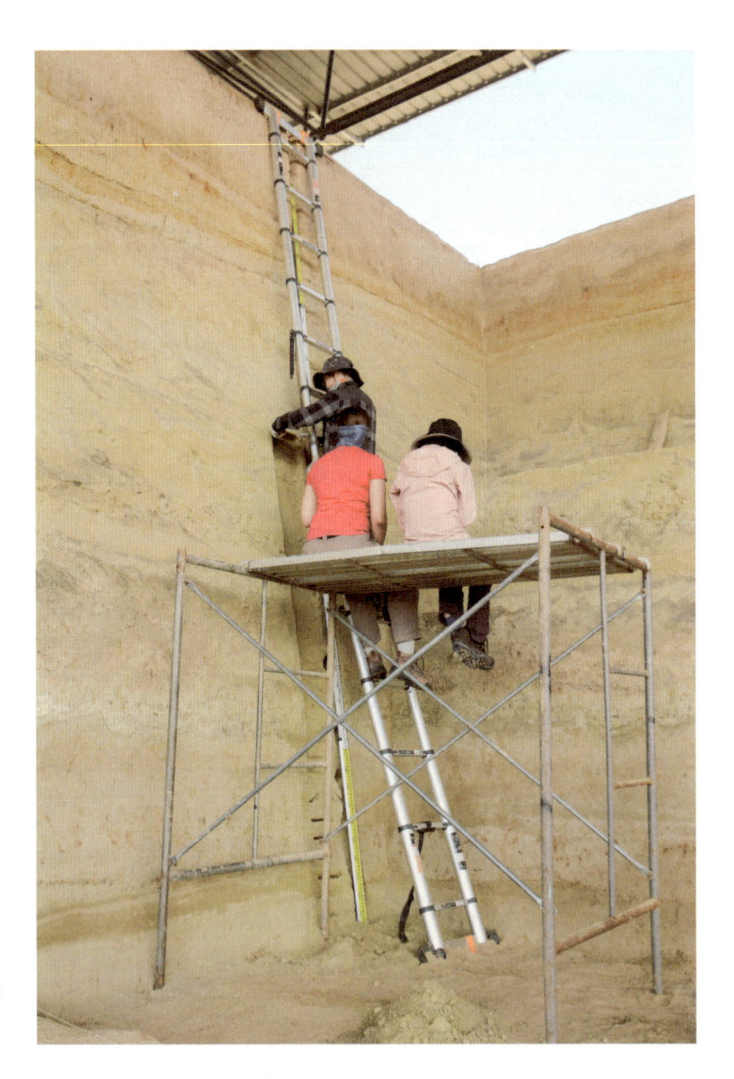

图三四　采集水洞沟古环境样本

在距今1.8万年前后，全球进入了末次冰盛期，水洞沟遗址第7地点剖面上部的云杉和冷杉的孢粉含量达到了50%，说明这里变得更加干冷，草原上的植被变得稀疏起来。此时湖水退缩。干冷的气候加上湖泊的萎缩，使得水洞沟地区动植物资源大量减少。在距今1万年左右，这里木本植物进一步减少，发展成为干旱的荒漠草原环境。湖泊消亡，萎缩成一条由南向北流向的小河，这条河可能就是现在正在流淌着的边沟河的前身。

4万多年前的构造运动形成了水洞沟小盆地，随着气候转暖，相对暖湿的气候使得湖泊一直保持较大的面积。水热资源相对较好，动植物资源丰富，适合古人类来此活动。他们从砾石层中采集质地良好的硅质白云岩、硅质灰岩、砂岩、燧石等石料制造工具，造就了水洞沟旧石器文化。而距今1.8万年左右末次冰盛期的来临使得这里古湖消失，恶劣的环境使动植物资源变得贫乏，此时这里已变为荒漠草原环境，不适合古人类的生存，文化迹象消失。在距今1.2万~1.1万年，处在更新世向全新世的过渡阶段，气候又开始逐渐转暖，水洞沟这里出现新的人群与文化，这就是埋藏于第12地点并广泛分布于内蒙古干旱草原上的细石器文化（图三五）。

图三五　第12地点地层剖面图

第七章

狩猎采集者的生活

关于旧石器时代的古人类吃什么的研究非常重要：天天烧烤还是荤素搭配？古人类又是如何获得这些食物的？我们知道，遥远的旧石器时代已经和我们相隔几万甚至几百万年之久，那时候农业还没有产生，古人们过着狩猎动物、采集植物的生活。但是，旧石器时代的古人们是如何狩猎动物和采集植物的呢，考古学家们需要从很多方面进行观察和分析。毫无疑问，旧石器遗址中发现的大量遗迹、遗物是我们分析古人类狩猎采集活动最重要的材料，与此同时，现在世界各个地区仍然生活着很多被誉为"历史活化石"的狩猎采集群体，他们习以为常的生活，却可以为我们研究旧石器时代的狩猎采集者提供重要的线索。

一
动物骨骼的证据

旧石器遗址中除了有大量古人类留下的石制品以外，数量巨大的动物骨骼碎片也是我们研究古人类狩猎采集行为的重要证据。

旧石器时代之初，有关古人类原始狩猎能力的探讨是其中的核心问题之一。人类在距今100多万年前的诞生之初，是否有狩猎大型动物的能力，遗址中发现的这些动物骨骼是不是人类狩猎得来的呢？要弄清这类问题，就需要对动物骨骼上留下的一系列痕迹进行分析和观察。

很多学者对动物行为及动物骨骼上痕迹的研究表明，出土的动物骨骼先是被其他食肉动物捕杀，拥有石器的人类很可能只是作为腐食者光临现场，或者将肉食动物赶走，从而获得食物资源。主动性地狩猎大型动物，可能对旧石器时代之初的古人类来说还过于困难，遗址中大量破碎的动物肢骨很明显是古人类用石锤砸开的，几乎没有完整肢骨的存在，这一点反映了古人类敲骨吸髓的行为。有研究者对东非奥杜威峡谷150万年前旧石器时代早期遗址出土的动物骨骼进行了观察，除了肉眼观察之外，还使用了光学显微镜和扫描电镜。这些动物骨骼上的痕迹显示出同时存在人类工具和食肉类动物留下的痕迹，表明了人与食肉类动物对尸体的争夺。多数情况下，食肉类动物捷足先登，食肉类动物痕迹主要出现在带肉的骨头上，而人类工具的痕迹则出现在带肉和无肉的骨头上，比如斑马长骨的底部，表明可能古人类利用工具切割食肉动物身上难以下口的筋腱部位（图三六）。

旧石器中期以后，古人类狩猎大型动物的能力

图三六　动物骨骼表面的人工痕迹

有了大幅度提高，很多遗址中的动物骨骼上食肉动物留下的痕迹越来越少，取而代之的都是石器的砸痕、切割痕迹等。考古学家们不只通过痕迹来判断这些动物是否是古人类狩猎来的，他们还可以从大型动物群的死亡年龄、性别等推断古人类狩猎动物的针对性和季节性等行为。

狩猎大型有蹄类动物不是容易的事情，有些种类如原始牛、野马、野驴等动物十分凶猛，猎获这些动物的成年个体难度和危险性更大，相对而言，古人类更愿意猎取这些大型动物的幼年个体。同时，由于在温带地区，多数大型陆地哺乳动物在一个很短的季节内产仔，如果我们知道某物种幼仔出生的那个季节，那么胚胎或幼仔的骨头遗存便能指示古人类在哪个季节进行狩猎。如英格兰的斯塔卡遗址中狍鹿的下颌骨遗存，显示古人类大量狩猎一岁左右的狍鹿；赤鹿、狍鹿和麋鹿的牙齿和骨骼也显示出，这些动物都是初生的幼崽。初夏是这些动物的出生季节，骨骼遗存也证实了斯卡塔遗址古人类初夏集中狩猎的行为；且古人类瞄准了这些刚刚断奶并且处于最易捕杀阶段的初生动物。

当然，随着古人类石器工具技术的不断进步，狩猎的水平也不断提高，狩猎成年大型动物也是十分常见的。获取成年的大型动物对季节性的要求就不高了，任何季节都可以进行，这就使得狩猎者们在一年中任何时候都可以获得相对更多的食物资源，供给更多的人口。河南郑州老奶奶庙遗址发现的动物骨骼，主要为马科动物与原始牛，它们的死亡年龄均呈现出"壮年居优型"的分布模式。

研究者通过这些动物骨骼分析发现，老奶奶庙遗址的狩猎者猎获到马科动物后将其整体搬运到遗址上，并进行充分地屠宰和消费。马科、原始牛、鹿科等大、中型有蹄类动物是老奶奶庙狩猎采集人群的主要肉食来源，其中以成年个体为主。成功获取这类动物表明人们对动物习性和行为有足够了解，并暗示了存在集体协作的行为。人们通过充分烧煮对这些动物骨骼中的骨髓和油脂进行提炼，动物骨骼被人为打碎的程度极高。这种对动物资源的极致化利用，最大化获取食物的策略，很可能是在晚冬和春季食物资源较为匮乏的背景下进行的。晚冬和春季的动物自身营养状况较差，人类从动物身上可以获得的食物与营养有限，只有尽可能提取骨骼中所含骨髓和油脂来最大化地获得食物和营养，才能满足古人类季节性的生存需求。

水洞沟遗址第12地点一共出土1万多件动物骨骼残片，经过种属鉴定，包括兔、獾、小野猫、鹿、普氏羚羊、野猪、蒙古野驴、水牛，以及鸟类、爬行类和啮齿类等。痕迹观察显示，动物骨骼表面未见流水磨蚀以及搬运过程中形成的摩擦痕迹，因此这些骨骼应该不是流水聚集的；仅在2件动物骨骼上发现食肉动物咬痕，具有啮齿类动物痕迹的标本也仅出土2件，据此可以排除是食肉类和啮齿类动物将这些骨骼带入遗址（图三七）。

与很多旧石器时代中晚期的遗址不同，水洞沟遗址第12地点的动物骨骼中，占比最大的是小型动物，由兔和鸟类组成的小型动物所占数量和比例已达到61.07%。水洞沟第12地点的年代为距今1.1万年左右，正是旧石器时代晚期向新石器时代过渡的时期，这一时期的古人类在食谱上发生了重大的变化。一方面，小型动物成了肉类的主要来源；另一方面，多种多样的植物开始在人类的食谱中占据越来越重要的地位。这种人类食谱上的重大变化也被称为"广谱革命"。距今1.3万～1万年的西亚黎凡特地区的纳吐夫文化就是这一时期"广谱革命"的代表。随着对植物性食物的不断熟悉，特别是在可食用植物种类、采集季节、生长环境等多方面长年累月地观察和积累经验，古人类逐渐了解了植物的生长习性，在此基础上，原始农业就在纳吐夫文化中慢慢产生了。中国旧石器时代的"广谱革命"差不多也发生在这个时期，除了小型动物骨骼以外，水洞沟遗址第12地点还发现有用来磨制植物性食物的石磨盘和石磨棒等工具。显示出水洞沟遗址第12地点的古人类，也有加工和食用植物性食物的证据。

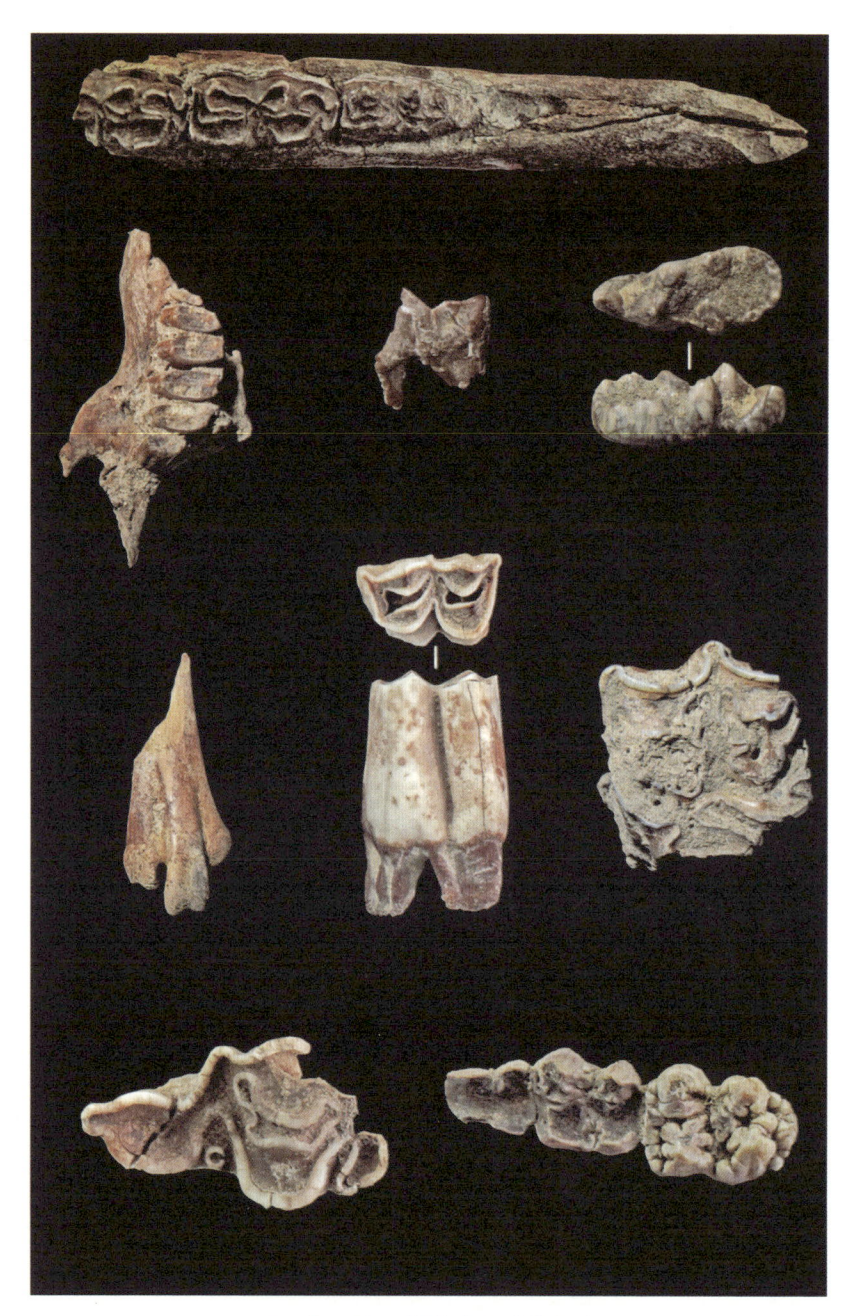

图三七　第12地点出土动物骨骼

从世界范围来看，农业起源发生在各个大陆几个文明产生的核心地区，如西亚的两河流域、中国的长江黄河流域等，而这些地区十分相似的是，农业起源的前身都是出现了"广谱革命"。与利用动物骨骼研究古人类狩猎行为一样，利用遗址中发现的植物遗存，同样可以研究古人类对植物性食物的采集、加工和食用行为。

二 食用植物的证据

1. 大型植物遗存

考古学家接触的绝大部分植物证据为大型植物遗存，像是用木头加工的各种器物、树木枝干，以及各种植物种子。这期植物遗存在不同的埋藏环境呈现的状态并不一样，在保水的脱氧环境下，甚至能在一直保持饱水的状态，保存很长时间。

2015年全国十大考古新发现之一的云南江川甘棠箐旧石器时代遗址就发现了距今100万年左右的木制品。地层堆积显示湖水有间歇性涨落，古人类随着湖水的进退而迁移，遗留的文化遗物和动、植物化石等被迅速覆盖掩埋。相对湿润的埋藏环境以及黏土等细颗粒物沉积起到了很好的隔绝空气、防止氧化作用，使遗址的有机质遗物得以很好地保存。特别值得一提的是，由于原料丰富，易于加工，工具用途广泛，学术界普遍认为在旧石器时代古人类曾大量使用木制品，特别是木材原料丰富的中国南部沿海和东南亚地区，被认为存在一个大量使用竹子和木头作为主要生产工具的时代，也被称作"竹木器时代"。但由于年代久远，有机质易腐烂，木制品难以保存，目前世界范围内仅有零星实物被发现。甘棠箐遗址由于其特殊的埋藏环境，出土了保存较好的木制品，此发现不但填补了国内相关领域研究的空白，对研究东南亚地区存在"竹木文化说"也提供了有益的参考。

类似云南甘棠箐遗址的情况其实还是少数，绝大部分旧石器遗址中的植物遗存都以炭化的形式出现，比如用火遗迹中的木炭，以及大量的炭化植物种子。这些炭化植物种子其实就是研究古人类吃什么植物的最好证据。

考古学家们利用炭化种子比重低、能够浮于水面的特性，发明了浮选的方法来筛选考古遗址中发现的炭化植物种子遗存。炭化的植物种子个体小，肉眼很难进行分辨，都藏在遗址发掘中的土中，如果不进行浮选就会和挖出来的土一起被扔掉。所以，旧石器考古发掘中对挖出来的土要进行浮选工作。

每一袋土都要记录好在挖掘区域的位置，所属地层和体积量，之后进行阴干，然后放到大的浮选桶中加水充分搅拌，在水慢慢静置的过程中，比重大的土沉到桶底，比重小的炭化植物种子浮在水面上，之后用筛网进行收集并记录。这就是考古发掘中对植物种子的浮选工作。

植物种子的浮选工作完毕后，会把这些浮选出的炭化植物种子带到实验室进行显微镜下的观察，根据不同植物种子形态的差异，判别遗址中存在哪些植物种类，哪些植物是可以被古人类食用的。这就为旧石器时代古人类的食谱增添了新的证据，也可以通过植物种子是野生的还是驯化的来进一步判断农业起源等问题。在2017年全国十大考古新发现之一的新疆吉木乃通天洞遗址距今5000年左右的地层中，就通过浮选发现了大量的炭化植物种子。研究者在实验室观察中，就发现了其中存在小麦种子，而这些小麦种子是经过人工驯化种植的。从世界范围来看，小麦种植起源自西亚地区距今1万年左右的纳吐夫文化，我们一直在寻找小麦种植从西亚向东亚地区传播的路线，通天洞遗址距今5000年左右的炭化种子是目前国内发现的年代最早的小麦遗存，为小麦传播路线的寻找提供了重要的证据（图三八）。

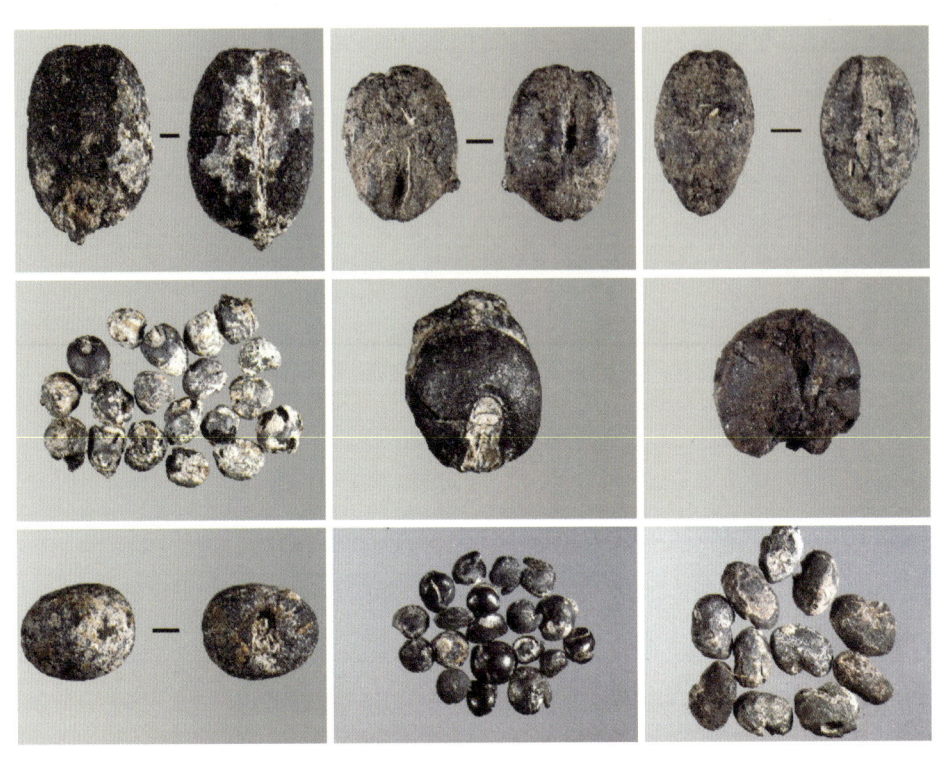

图三八　炭化植物种子示意图（新疆通天洞遗址出土）

（采自于建军、王幼平等：《新疆吉木乃县通天洞遗址》，《考古》2018年第7期）

2. 微小植物遗存

除了上面说的这类大型植物遗存，还有很多微小的植物遗存也能给我们带来古人类植物性食物的证据，帮助我们重建古人类的食谱。其中，最为重要的就是对植硅体和淀粉粒的观察和分析。

植硅体，全名植物硅酸体，简称植硅体或植硅石。植硅体是从地下水中吸取可溶性二氧化硅后沉淀于植物细胞内或细胞外部位置，由此形成的含水非晶态二氧化硅颗粒。植硅体在形成过程中"复制"了细胞体的原本形态，相当于给植物细胞做了一个坚硬的二氧化硅的模型，不同植物的植硅体形态组合和独特的个体形态使我们可以通过植硅体判断其所属的植物种类。植硅体的性质稳定，具有耐腐蚀性、耐高温性。当植物死亡或凋谢之后，植硅体不会分解，而会完整地长期保存于土层中，因而对考古遗址中古人类利用植物的历史有着不可多得的优势和作用。

植硅体的提取也是需要野外采样和实验室内分析两个步骤。先要在考古发掘过程中选取需要进行分析的样本，主要是表面附着土壤的石器、用火遗迹内部的土壤等与人类活动密切相关的遗物。之后，将这些选好的土壤样本，带到实验室中，加入蒸馏水溶剂，和浮选炭化种子一样，利用浮选法使植硅体和土壤颗粒脱。因为植硅体的比重也很大，所以在浮选的时候需要加入特定的重液，并使用离心机加速旋转，最终使植硅体悬浮在重液之上，然后提取植硅体进行显微镜观察。

利用这种方法，考古学家们发现了很多旧石器时代古人类食用植物的证据，附在石器刃缘或者石磨盘、石磨棒上的植硅体，可以提供有关古人类如何利用工具加工植物的信息。如以色列阿穆德洞穴遗址的地层中发现的植硅石是遗址中残留植物利用的唯一直接证据，表明尼安德特人很可能采集草籽作为食物。

如前所述，旧石器遗址中发现的植硅石能够显示古人类食用的植物种类，以及某种工具是用来加工哪种植物的。植物的淀粉粒也能够达到同样的效果。我们知道淀粉是葡萄糖分子聚合而成的长链化合物，它是细胞中碳水化合物最普遍的储藏形式，在细胞中以颗粒状态存在，称为淀粉粒。所有薄壁细胞中都有淀粉粒存在，尤其在植物的各类贮藏器官中更为集中，如种子的胚乳和子叶，植物的块根、块茎和根状茎中都含有丰富的淀粉粒。虽然淀粉粒不如植硅体一样坚硬耐腐蚀，很容易受到破坏，但是淀粉粒的数量是巨大的，在考古遗址中能够提取出相当数量的淀粉粒，这就为我们复原古人类食谱，特别是食用的谷物、块根块茎（如芋头）类植物提供了证据。

淀粉粒的提取和植硅体一样，经过野外取样、实验室重液浮选、显微镜观察等一系列程序。但值得注意的是，由于淀粉在我们现在的日常生活中实在太常见了，我们每天都会摄入的谷物均含有大量的淀粉粒。所以，无论在野外提取淀粉粒样本还是在实验室进行浮选，都需要实验者先进行清洗和防护。假如一个实验者中午吃了馒头或者土豆,没有很好地清洗双手,下午采样的时候也没有穿好防护服,那么他身上携带的小麦和土豆的淀粉粒会大量进入样本中,造成严重的污染。所以,淀粉粒样本的提取都会不断强调注意避免污染。

淀粉粒研究食谱的应用在考古遗址中十分常见。所罗门群岛基卢洞穴遗址中出土的一些石器上显示有尚可分辨的淀粉残渍,其中一些年代可上溯到28700年前,成为世界上人类食用块根植物(芋头)的最早证据。在以色列距今大约23000年前的一块大型玄武岩研磨盘上也发现了淀粉颗粒,这些颗粒来自野生的大麦和小麦,表明在距今2万多年的西亚地区,很早就开始加工野生谷物了。考古学家们甚至从人类的牙垢上提取到了淀粉颗粒,比如从距今8000年左右的古秘鲁人牙齿上就提取到了花生、西葫芦、豆类、各种果实和坚果的淀粉颗粒,清楚地显示了当时古人类的食谱。

对水洞沟遗址第2地点也进行了淀粉粒的提取和分析工作,研究者从出土各类刮削器表面的土样中提取到了淀粉粒。通过鉴定和分析,研究者认为,水洞沟遗址第2地点的古人类不仅对植物性材料进行简单的切割、刮削处理,而且还进行了进一步的研磨或烧烤等深加工,这种烧烤加工行为正好可以和第2地点发现的大量火塘遗迹现象相对应。在水洞沟遗址第 2 地点第 3 文化层的石制品表面还发现了豆科植物种子的淀粉粒，表明了这一时期的古人类对豆类食物原材料进行了使用和加工。

关于旧石器时代古人类吃什么的研究，正如上面介绍的那样，动物骨骼、遗存都是最直接的证据。考古学者们通过一系列详细的分析和观察，逐渐复原出古人类的食谱，甚至是这些食物的加工方法。但考古学者们想知道的还不仅如此，他们还想了解：古人类是怎样获得这些食物的？

三
流动的人群

旧石器时代遗址的古人类给我们留下了大量的遗迹和遗物，这些遗迹和遗物就像侦探破案的一条条线索，考古学家们通过分析蛛丝马迹来复原古人类生活中的故事。但是，毕竟经历的时间太久了，我们也没法回到过去，看看那群人到底是如何在这片土地上追逐野马、采集植物的；他们是三五成群还是单独行动？是长久定居在一个地方还是不停地流动？……这些信息很难从考古遗址中的发现来获取。

庆幸的是，现今世界仍有很多的狩猎采集民族，这些人就像是历史的穿越者，带着来自遥远旧石器时代的信息，给我们研究旧石器时代古人类的狩猎采集行为提供了重要的线索。关于北美因纽特人的民族学调查和研究，就是其中一个很好的例子。1969年美国人类学家路易斯·宾福德开启了对因纽特人的实地调查。他试图通过当代文化系统的观察和分析对考古材料进行准确的推理，实际上路易斯·宾福德也确实做到了这点。

因纽特人的空间使用规模给宾福德带来一个巨大的震动。考古遗址的面积往往很小，而我们以往对旧石器时代狩猎采集者的认识，可能就局限在这几百平方米的发掘范围内，而实际上狩猎采集者从来不曾局限于考古发掘探方中，而是足迹可能遍及30000平方千米。当然狩猎采集者们不可能一次利用所有的地方，但是他们需要整个地区的资源来获得安全保障。

如果以因纽特人活动和居住时间最久的中心营地为中心进行观察，一年中他们从中心营地出发，向周围扩展进行狩猎采集活动，走过的地方可以达到25000平方千米，而这仅仅是一年的流动范围。在一年不断地来回流动中，反复居住的地点要比那些只住几次的居址要大得多。这就意味着一个遗址的大小，并不是由居住在这里的群体大小和社会组织的区别决定，而只是反映了同一流动群体利用这个地点的重复程度。狩猎采集者在一个地区生活一段时间后，这里的燃料（木材）和动物资源耗尽，于是该群体就直接搬往另一个完全不同的地区，因为那里的资源已经恢复了。对因纽特人而言，在一个核心居住区域生活的时间大约是十年。

在一个地区生活的过程中，以中心营地为核心，向不同方向进行流动，狩猎动物和采集植物，这是狩猎采集者们最普遍的行为。当然，在不同地点的会进行不同的活动，从而产生不同性质的遗址。例如，中心营地是古人类居住时间最久的区域，在这里进行的活动种类最多，如加工石器、用火加工食物、屠宰狩猎来的动物、制作装饰品、修理坏掉的工具等，留下的遗迹、遗物也是最丰富的。远离中心营地的临时性营地则在活动种类上大大减少，如临时加工石器的石器制作点，狩猎到动物进行肢解的屠宰点，为采集石器原料产生的石器原料采集点等。这些地点都是古人类临时活动的场所，占据的时间不长，所能观察到的遗迹、遗物也很少，在考古遗址中我们也能够经常发现这种临时性的场所。

例如，水洞沟遗址第1地点埋藏的遗迹、遗物极为丰富，火塘、石器、动物骨骼等数以万计，显示出中心营地的典型特征。与此同时，水洞沟遗址第7地点和第9地点，发现了与第1地点一致的勒瓦娄哇石叶技术生产的石器。但第9地点仅发现了各类石制品，如剥制石叶用了勒瓦娄哇石叶石核、石片、石叶以及各种碎片和断块，没有发现火塘遗迹和动物骨骼化石。这或许就代表着，第9地点是第1地点狩猎采集人群的一个临时性营地，在这里人们主要进行临时性的加工石器的活动，而没有长久居住。第7地点发现了加工石器的行为，同时还发现有大量动物骨骼，如兔子、羚羊、鹿等，很多动物骨骼上发现了明显的人类切割留下的痕迹。因此，第7地点能够带给我们的推断就是，这里也是第1地点的狩猎采集人群的一个临时性营地，但在这个地点他们加工石器，还对狩猎的动物进行屠宰，一些有火烧痕迹的动物骨骼还显示出，人们在这里进行了食物加工和食用。

那么，狩猎采集者们是如何在中心营地和临时性营地之间不断流动的呢？宾福德在对因组特人营地的研究中，提出了后勤式流动和迁居式流动两种不同的流动性特征。

后勤式流动是有固定营地的觅食者采取的策略，该营地一般建于资源比较丰富的地区，营地派出工作小组对周边食物资源进行开采，一般流动的距离不超过当天能够回到营地的距离，为20千米左右，这种策略下人群流动性的路线呈现以营地为中心，花瓣式分布，当一个地区资源容量的投入产出比很小的时候，中心营地会随之迁移到另外一个资源丰富的区域，因此，这种流动行为遗留下的遗迹、遗物往往呈现出以中心营地为核心，周边遍布较小的遗存点这一特征。

迁居式流动则无固定的营地，人群靠不停地流动迁徙获取食物资源，迁徙的距离往往很大，可以看出这种流动行为遗留下的遗存呈现出大型中心营地很难发现、区域内各埋藏点规模相对较小且分布分散的特征。

从水洞沟遗址的情况来看，如果把第1地点当作是一个中心营地，似乎水洞沟遗址第1地点的狩猎采集人群更类似于后勤式的流动策略。水洞沟遗址第1地点是当时古人类生活的中心营地，人们以这个营地为中心，对周边的资源进行开发利用，狩猎动物、采集植物、获取石器原料等。在这些活动进行期间，在距离中心营地不远的地方留下了各种临时性活动的痕迹，形成了如第7地点和第9地点这样的场所。从距离来看，第7地点距离中心营地的第1地点仅300米，第9地点距离第1地点大约7千米。

从上面的分析可以看出，因纽特人的民族学证据对分析狩猎采集者的具体行为模式是有着重要作用的，当然，不同环境下的狩猎采集者行为模式是存在不同的。对于处在环境恶劣的北极因纽特人而言，为了保证生活所需，他们在一年之中需要进行大范围的流动，流动的范围可达几万平方千米。在不断流动的过程中，每在一个居住点停留的时候，男人们就要出去狩猎动物，无论是陆地上跑的北美驯鹿，深藏在冰层下的海豹和鳕鱼，还是天上飞的海鸟，都是因纽特人狩猎的对象。在夏季动物资源丰富的时候，男人们会尽量多地狩猎动物，并在不同的地点用石头垒砌储存点，把肉食尽量储存起来以供冬季食物短缺的时候食用。男人们出去狩猎的时候，女人们在家就要赶紧对狩猎的工具进行制作、修理，还要不断加固营地房屋，以防暴风雪破坏，同时还要做饭、照顾孩子，可以说因纽特人的一天的绝大多数时间都在为生存不断工作着。

在食物短缺的时候，为了维持群体的生存，他们甚至还不得不采取特殊的应对方式。北美驯鹿迁徙后储藏的干肉已经快耗尽，而且这些肉也不好吃了，剩下的肉非常硬，滋味已被雨水淋溶殆尽，而所有好吃一点的肥肉都已吃掉。再者，一年中的这个时候，当地没有猎物可以很容易捕猎到。大部分北美驯鹿都去了遥远的地方觅食，只有在山顶冰川附近才可以见到少量的雄鹿，这个季节连山绵羊也很难找到。为了鼓励一些人不怕困难出去狩猎，因纽特人发明了一种很有意思的刺激方法。在夏末，年轻的情人可以住在一起，但不是在中心营地中，而是到很远的狩猎营地去。这种"男女搭配，干活不累"思想的运用，还真的就起了重要的作用——中心营地的老年人依赖日益减少肉食储备度日，年轻人到野外去自己寻找食物。如果年轻人能够狩猎成功，他们就会把鲜肉带回营地和大家分享；如果他们没有成功，当然会挨饿，但是很幸福……

和生活在寒带的因纽特人每天都要到处跑到处找吃的不同，对于处在热带地区，特别是非洲的狩猎采集人群而言，往往并不需要大范围的流动，因为那里一年四季的资源都十分丰富。生活在非洲热带的布须曼人悠闲的狩猎采集生活是因纽特人不敢想象的，他们生存物资的丰富程度和极易获得的特点，甚至让人类学家们管他们这种生活叫作"原始丰裕社会"。

人类学家们对非洲布须曼人的民族学观察显示，那里的一个女性采集者工作一天，就足够一家人吃上三天，剩下的时间都在营地闲待着，做点女红，访问其他营地，或者和其他营地来的访客找点乐子。她每天待在家里的日常工作就是下厨，比如做饭、剥栗子、捡柴火，还有提水，这些要花去她一到三个小时。稳定的工作与闲暇交替着，凑成了整年的节律。男性猎人们去做事的时间要比女人频繁一些，不过他们的活动没有规律。男人们很有可能某个星期拼命打猎，然后两三个星期一根毛都不打。打猎是件没有准头的事情，冥冥之中自有定数，猎人们有时候走了背运，就会停猎一个月或更久。在这些时候，拜访、找乐子，特别是跳舞，是男人们最主要的活动。

生活在北极的因纽特人和生活在非洲热带的布须曼人明显是狩猎采集群体的两个极端。一个群体的生存环境极为寒冷，几乎没有可食用的植物来源，所有的食物来源都要靠狩猎各种动物；另一个群体则生存环境优越，可食用的植物资源极为丰富，狩猎逐渐成了"看心情"的活动。而处在温带地区的旧石器狩猎采集者们的生存环境和生存压力，很有可能处在这两个群体中间，既没有因纽特人那样艰苦，也不像布须曼人那么悠闲。

环境温暖湿润的时候，例如温暖的间冰期期间，狩猎采集的资源十分丰富，可以过得悠闲一点；环境寒冷干旱的时候，例如冰期时代，狩猎采集的资源开始减少了，生存压力增大，不得不改变原有的生存策略以适应变化了的环境。从整个世界旧石器时代石器技术、人群远距离迁徙等方面来看，正是中纬度地区的古人类根据环境的演变所进行的改变最为强烈。到了距今1.3万年左右的旧石器时代末期，经过了漫长的适应策略的变化和对自然资源的观察，上文中提到的人类"广谱革命"终于发生了，而"广谱革命"最初产生的区域就是中纬度地区。在此基础上农业逐渐产生，狩猎采集时代开始向农业时代转变了，而经历了几百万年进化、适应、迁徙的人类，终于迈向了新的历史阶段——新石器时代。

结语

考古学是通过古代人类留下的各种物质遗存来复原古代社会历史的一门科学。旧石器考古学则是研究人类诞生之初的一个考古学分支，而其中最为重要的一点就是回答人类起源和进化的历史。关于人类起源，我们可能了解更多的是从猿向人的进化，但其实这种人类体质上的进化研究，更多的是古人类学家们所做的贡献。旧石器考古学家们研究更多的是人类文化、行为以及认知方面的进化，这一点和体质进化同样重要。

我们不仅需要知道我们的祖先到底是谁，还要了解我们的祖先是如何生活的，他们创造的文化是什么样的，他们什么时候开始学会了狩猎动物，什么时候开始学会了用火，又从何时开始学会了种粮食……而这一切归根结底是要回答，我们现在的生活从何而来。旧石器考古学家们所要回答的就是这些问题。他们跋山涉水，眼睛紧盯着河边的黄土断崖，生怕错过一点土层中出露的石器和动物骨骼。发掘中出土的每一件器物，都仔细地进行观察和分析，甚至连发掘区的土和肉眼看不见的微小植物遗存也不放过，统统拿来，进入实验室。旧石器考古学家们就像机敏的侦探，不放过任何一个能复原古人类历史的线索，一件石器的碎片、一件动物骨骼上的切痕甚至是土层中微小的植物种子，这些古人类留在大地上的遗存就是旧石器考古学家们不断寻找的解题钥匙。

作为中国最早发掘的旧石器时代遗址，水洞沟的历史其实也是中国旧石器考古学的产生与发展史，通过对水洞沟遗址100年来研究的总结，我们可以窥探到旧石器考古学家们在复原古人类历史中所做的不懈努力。从水洞沟遗址人群从何而来，到他们用什么吃什么，再到他们如何适应环境……这一系列研究的最终目的就是复原一个完整的、生动的水洞沟旧石器时代古人类的历史。

复原水洞沟古代人类的历史，这句话看似简单，其实包含的内容是巨大的。人群的来源，石器技术与功能，狩猎采集的方式，古人类的用火和审美……这些旧石器考古学家们看似能够回答的问题，其实也仅仅是人类历史很小的一部分，更多的信息我们目前还无法获得。即使我们目前能够复原的仅仅是真实历史的一个片段，但这一过程也是艰难的，需要几代考古学者们的前赴后继，需要不断的理念创新，需要不断运用新手段、新方法。古人类化石、古DNA、石器、动物骨骼、植物遗存、土壤样本、民族学证据等，都是旧石器考古学家们在研究中所必须掌握的信息，其中涉及生物学、地质学、化学、物理学、民族学等多学科的知识，从这一点来说旧石器考古学也是一项多学科的综合研究。

本书介绍的旧石器考古学研究方法都是在水洞沟遗址研究中被广泛应用的。当然，还有很多旧石器考古学研究中常用的方法，本书没有提及，例如通过放射性元素的衰变判断遗址的具体年代；通过土壤微形态的分析判断遗址的埋藏过程；通过土壤中提取的古人类DNA片段判断遗址人群等，这些方法也在水洞沟遗址的研究中起到了十分重要的作用。

旧石器时代是人类诞生之初的时期，在几百万年来的漫长历史中，我们的祖先在世界各地留下了生活过的印记。我们追寻着祖先留下的印记，试图回答"我是谁，我又从何而来"这一终极问题。而当我们亲手拿着几万年前的石器时，来自远古的信息可能不仅仅告诉我们祖先的故事，还会让我们从灵魂深处感受到身为人类这一群体一员的特殊情感。

参考书目

专著

[1] 曹伯勋:《地貌学与第四纪地质学》,中国地质大学出版社,1995年。

[2] 〔美〕理查德·利基著,吴汝康、吴新智等译:《人类的起源》,上海科学技术出版社,1995年。

[3] 夏正楷:《第四纪环境学》,北京大学出版社,1997年。

[4] 宁夏回族自治区文化厅、宁夏政协文史和学习委员会:《宁夏考古记事》,宁夏人民出版社,2001年。

[5] 栾丰实、方辉等:《考古学理论·方法与技术》,文物出版社,2002年。

[6] 宁夏文物考古研究所:《水洞沟——1980年发掘报告》,科学出版社,2003年。

[7] 王幼平:《中国远古人类文化的源流》,科学出版社,2005年。

[8] 王幼平:《石器研究——旧石器考古方法初探》,北京大学出版社,2006年。

[9] 王小庆:《石器使用痕迹显微观察的研究》,文物出版社,2008年。

[10] 高星、沈辰:《石器微痕分析的考古学实验研究》,科学出版社,2008年。

[11] 〔美〕罗伯特·沙雷尔、温迪·阿什莫尔著,余西云译:《发现我们的过去——考古学》(第三版),上海人民出版

社，2009年。

[12] 〔美〕路易斯·宾福德著，陈胜前译：《追寻人类的过去：解释考古材料》，上海三联书店，2009年。

[13] 〔美〕马歇尔·萨林斯著，张经纬、郑少雄等译：《石器时代经济学》，生活·读书·新知三联书店，2009年。

[14] 〔美〕布鲁斯·G.特里格著，陈淳译：《考古学思想史》（第二版），中国人民大学出版社，2010年。

[15] 高星、王惠民等：《水洞沟——穿越远古与现代》，科学出版社，2011年。

[16] 宁夏文物考古研究所、中国科学院古脊椎动物与古人类研究所：《水洞沟——2003～2007年度考古发掘与研究报告》，科学出版社，2013年。

[17] 〔法〕布勒、步日耶等著，李英华、邢路达译：《中国的旧石器时代》，科学出版社，2013年。

[18] 裴文中：《旧石器时代之艺术》，商务印书馆，2015年。

[19] 〔美〕乔治·奥德尔著，关莹、陈虹译：《破译史前人类的技术与行为——石制品分析》，生活·读书·新知三联书店，2015年。

[20] 李英华：《旧石器技术：理论与实践》，社会科学文献出版社，2017年。

[21] 〔美〕大卫·赖克著，叶凯雄、胡正飞译：《人类起源的故事》，浙江人民出版社，2019年。

[22] 朱诚、马春梅等：《全球变化科学导论》，科学出版社，2017年。

[23] Bordes F. *The Old Stone Age*. McGraw-Hill Book Company, 1968.

[24] Inizan M L, Roche H, and Tixier J. *Technology of Knapped Stone*. Meudon: CREP, 1999.

[25] Andrefsky W. *Lithics: Macroscopic Approaches to Analysis*

(second edition). Cambridge University Press, 2005.

［26］ Richard G K. *The Human Career: Human Biological and Cultural Origins (third edition)*. University of Chicago Press, 2009.

学位论文

［1］ 彭菲：《中国北方旧石器时代石叶遗存研究——以水洞沟与新疆材料为例》，中国科学院古脊椎动物与古人类研究所博士研究生论文，2012年，第1～222页。

［2］ 李锋：《"文化传播"与"生态适应"——水洞沟遗址第2地点考古学观察》，中国科学院古脊椎动物与古人类研究所博士研究生论文，2012年，第1～150页。

［3］ 陈宥成：《嵩山东麓MIS3阶段人群石器技术与行为模式——郑州老奶奶庙遗址研究》，北京大学博士研究生论文，2015年，第1～284页。

［4］ 赵静芳：《嵩山东麓MIS3阶段人类象征性行为的出现——新郑赵庄遗址综合研究》，北京大学博士研究生论文，2015年，第1～237页。

［5］ 赵潮：《登封东施遗址石制品研究》，北京大学硕士研究生论文，2015年，第1～179页。

［6］ 李昱龙：《华北地区石叶技术源流——河南登封西施遗址及相关研究》，北京大学博士研究生论文，2018年，第1～208页。

论文

［1］ 吴新智：《中国远古人类的进化》，《人类学学报》1990年第4期，第312～321页。

［2］ 高星：《关于"中国旧石器时代中期"的探讨》，《人类学学报》1999年第1期，第1～14页。

[3] 夏正楷、郑公望等：《洛阳黄土地层中发现旧石器》，《第四纪研究》1999年第3期，第286～295页。

[4] 高星、李进增等：《水洞沟的新年代测定及相关问题讨论》，《人类学学报》2002年第3期，第211～218页。

[5] 高星、裴树文等：《宁夏旧石器考古调查报告》，《人类学学报》2004年第4期，第307～325页。

[6] 高星、王惠民等：《水洞沟遗址2003年发掘的主要成果》，《旧石器时代论集——纪念水洞沟遗址发现八十周年》，文物出版社，2006年，第84～86页。

[7] 高星、王惠民等：《水洞沟2003～2004发掘的主要收获》，《"元谋人"发现40周年纪念会暨古人类国际学术研讨会论文集》，云南科技出版社，2006年，第152～158页。

[8] 袁宝印、尤玉柱等：《水洞沟遗址第四纪地层与环境变迁》，《旧石器时代论集——纪念水洞沟遗址发现八十周年》，文物出版社，2006年，第50～56页。

[9] 吴新智：《现代人起源的多地区进化学说在中国的实证》，《第四纪研究》2006年第5期，第702～709页。

[10] 王惠民、裴树文等：《水洞沟遗址第3、4、5地点发掘简报》，《人类学学报》2007年第3期，第206～221页。

[11] 刘德成、陈福友等：《水洞沟12号地点的古环境研究》，《人类学学报》2008年第4期，第295～303页。

[12] 高星、袁宝印等：《水洞沟遗址沉积-地貌演化与古人类生存环境》，《科学通报》2008年第10期，第1200～1206页。

[13] 陈虹、沈辰等：《石器研究中"操作链"的概念、内涵及应用》，《人类学学报》2009年第2期，第201～212页。

[14] 高星、王惠民等：《水洞沟第12地点古人类用火研究》，《人类学学报》2009年第4期，第329～336页。

[15] 刘德成、王旭龙等：《水洞沟遗址地层划分与年代测定新

进展》，《科学通报》2009年第19期，第2879~2885页。

[16] 关莹、M. P. Deborah等：《石制品植物残留物分析的实验室方法——以水洞沟石制品处理为例》，《人类学学报》2010年第4期，第395~404页。

[17] 高星、张晓凌等：《现代中国人起源与人类演化的区域性多样化模式》，《中国科学：地球科学》2010年第9期，第1287~1300页。

[18] 〔俄〕阿·潘·杰列维杨科著，王春雪、赵海龙等译：《东亚地区石叶工业的形成》，《边疆考古研究》（第6辑），科学出版社，2007年，第1~38页。

[19] 王春雪、张乐等：《中国旧石器时代晚期鸵鸟蛋皮串珠制作技术的模拟实验研究——以水洞沟遗址发现的鸵鸟蛋皮串珠为例》，《江汉考古》2011年第2期，第90~102页。

[20] 王春雪：《旧石器时代鸵鸟蛋皮串珠实验研究的现状与发展》，《博物馆研究》2011年第3期，第80~86页。

[21] 刘德成、高星等：《宁夏银川水洞沟遗址2号点晚更新世晚期孢粉记录的古环境》，《古地理学报》2011年第4期，第467~472页。

[22] 关莹、高星等：《水洞沟旧石器时代晚期遗址结构的空间利用分析》，《科学通报》2011年第33期，第2797~2803页。

[23] 王春雪、张乐等：《旧石器时代晚期装饰品染色模拟实验的初步研究——以水洞沟和南非晚期石器时代遗址发现的鸵鸟蛋皮串珠为例》，《边疆考古研究》（第10辑），科学出版社，2011年，第357~379页。

[24] 李锋：《石叶概念探讨》，《人类学学报》2012年第1期，第41~50页。

[25] 关莹、高星等：《MIS3晚期阶段的现代人行为与"广谱革命"：来自水洞沟遗址的证据》，《科学通报》2012年第1

期，第56～72页。

[26] 曲彤丽：《世界不同地区现代人及现代行为的出现与区域特征》，《人类学学报》2012年第3期，第269～278页。

[27] 陈福友、李锋等：《宁夏水洞沟遗址第2地点发掘报告》，《人类学学报》2012年第4期，第317～333页。

[28] 彭菲、高星等：《水洞沟旧石器时代晚期遗址发现带有刻划痕迹的石制品》，《科学通报》2012年第26期，第2475～2481页。

[29] 高星、王惠民等：《水洞沟旧石器考古研究的新进展与新认识》，《人类学学报》2013年第2期，第1121～1132页。

[30] 周振宇、关莹等：《水洞沟遗址的石料热处理现象及其反映的早期现代人行为》，《科学通报》2013年第9期，第815～824页。

[31] 彭菲：《再议操作链》，《人类学学报》2015年第1期，第55～67页。

[32] 李锋、陈福友等：《晚更新世晚期中国北方石叶技术所反映的技术扩散与人群迁移》，《中国科学：地球科学》2016年第7期，第891～905页。

[33] 于建军、王幼平等：《新疆吉木乃县通天洞遗址》，《考古》2018年第7期，第3～14页。

[34] Boëda E. "Le concept laminaire: Rupture et filiation avec le concept Levallois." *L'Homme de Néandertal, La Mutation. Etudes et Recherches Archéologiques de l'Université de Liege,* 1988 (8): 41-59.

[35] Madsen D B, Li J Z, et al. "Dating Shuidonggou and the Upper Paleolithic blade technology in North China." *Antiquity,* 2001 (75): 706-716.

[36] Derevianko A P, Shunkov M V. "Formation of the Upper Paleolithic transitions in the Altai." *Ethnology and*

Anthropology of Eurasia, 2005 (3): 52-69.

[37] Kaufman D. "Mind the gap: Questions if continuity in the evolution of anatomically modern humans a seen from the Levant." *The Middle to Upper Paleolithic Transition in Eurasia.* Institute of Archaeology and Ethnography Press, 2005: 157-166.

[38] Kuhn S L. "What did the Aurignacian bring to the Levant Upper Paleolithic?" *The Middle to Upper Paleolithic Transition in Eurasia.* Institute of Archaeology and Ethnography Press, 2005: 176-183.

[39] Meignen L, Bar-Yosef O. "The Lithic industries of the Middle and Upper Paleolithic of the Levant: Continuity or break?" *The Middle to Upper Paleolithic Transition in Eurasia.* Institute of Archaeology and Ethnography Press, 2005: 166-176.

[40] Anikovich M V. "The Early Upper Paleolithic in Eastern Europe." *The Middle to Upper Paleolithic Transition in Eurasia.* Institute of Archaeology and Ethnography Press, 2005: 79-94.

[41] Derevianko A P. "The Middle to Upper Paleolithic transition in the Altai Mongolia and Siberia." *The Middle to Upper Paleolithic Transition in Eurasia.* Institute of Archaeology and Ethnography Press, 2005: 183-217.

[42] Gao Xing, Yuan Baoyin, et al. "Analysis of sedimentary-geomorphologic variation and the living environment of hominids at the Shuidonggou Paleolithic site." *Chinese Science Bulletin,* 2008 (10): 2025-2032.

[43] Liu Decheng, Wang Xulong, et al. "Progress in the stratigraphy and geochronology of the Shuidonggou site,

Ningxia, North China". *Chinese Science Bulletin*, 2009 (21): 3880-3886.

[44] Wang Chunxue, Zhang Yue, et al. "Archaeological study of ostrich eggshell beads collected from SDG site." *Chinese Science Bulletin*, 2009 (21): 3887-3895.

[45] Guan Ying, Gao Xing, et al. "Spatial analysis of intre-site use at a Late Paleolithic site at Shuidonggou, Northwest China." *Chinese Science Bulletin,* 2011 (32): 3457-3463.

[46] Peng Fei, Gao Xing, et al. "An engraved artifact from Shuidonggou, an Early Late Paleolithic Site in Northwest China." *Chinese Science Bulletin*, 2012 (1): 1-6.

[47] Guan Ying, Gao Xing, et al. "Modern human behaviors during the late stage of the MIS3 and the broad spectrum revolution: Evidence from a Shuidonggou Late Paleolithic site." *Chinese Science Bulletin*, 2012 (1): 379-386.

[48] Liu Decheng, Gao Xing, et al. "The depositional environment at Shuidonggou Locality 2 in Northwest China at 72-18kaBP." *Acta Geologica Sinica*, 2012 (6): 1539-1546.

[49] Pei Shuwen, Gao Xing, et al. "The Shuidonggou site complex: New excavations and implications for the earliest Late Paleolithic in North China." *Journal of Archaeological Science*, 2012 (12): 3610-3626.

[50] Li Feng, Kuhn S L, et al. "Re-examination of the dates of large blade technology in China: A comparison of Shuidonggou Locality 1 and Locality 2." *Journal of Human Evolution*, 2013 (2): 161-168.

[51] Yi Mingjie, Barton L, et al. "Microblade technology and the rise of Serial Specialists in North-Central China." *Journal of Anthropological Archaeology*, 2013 (2): 212-223.

[52] Zhou Zhenyu, Guan Ying, et al. "Heat treatment and associated early modern human behaviors in the Late Paleolithic at the Shuidonggou site." *Chinese Science Bulletin*, 2013 (15): 1801-1810.

[53] Li Feng, Gao Xing, et al. "The development of Upper Paleolithic China: New results from the Shuidonggou site." *Antiquity*, 2013 (336): 368-383.